Reinhard Abeln / Paul Gindele

Gott sagt:
Ich bin doch da

Trost in Zeiten der Krankheit

fe-medien, kisslegg

1. Auflage 2008

Hauptstr. 22, D-88353 Kißlegg
Umschlaggestaltung: Manuel Kimmerle
Druck und Bindung: CPI - Ebner & Spiegel, Ulm
ISBN 978-3-939684-23-7

Reinhard Abeln / Paul Gindele

Gott sagt: Ich bin doch da

Trost in Zeiten der Krankheit

Mit Zeichnungen von
Dieter Groß

Inhalt

Ein Wort zuvor

Reinhard Abeln

Es ist eine alte, ur-alte Erfahrung: Jeder Mensch will leben, jeder will glücklich sein, jeder strebt nach einem Höchstmaß an Zufriedenheit und Wohlbefinden. Jeder sehnt sich nach unbeschwerter Lebensfreude und wehrt alles ab, was sich dem entgegenstellt.

Dennoch kennt das Leben nicht nur frohe Stunden. Immer wieder wird das Glück des Menschen spürbar bedroht durch Krankheiten. Das war schon zur Zeit Jesu so. Dic Schwestern Maria und Marta unterrichteten Jesus über die schwere Erkrankung ihres Bruders Lazarus mit den Worten: „Herr, den du lieb hast, er ist krank."

Krankheit geht an keinem Menschen vorüber. Irgendwann ist jeder davon betroffen. Und die entscheidende Frage lautet: Wie gehen wir mit dieser besonderen Situation um? Wie werden wir fertig mit unserer Krankheit? Dieses Buch möchte dazu ein paar hilfreiche Gedanken anbieten.

Herr, ich bitte dich ...

Mein Herr und mein Gott,
nur du kannst mir helfen.
Ich bin krank –
bitte heile mich!
Ich habe Schmerzen –
bitte lindere sie!
Ich bin schwach –
bitte stärke mich!
Ich habe Angst –
bitte sorge für mich!
Ich fühle mich einsam –
bitte sei mir nahe!
Ich will verzagen –
bitte tröste mich!
Ich bin unruhig –
bitte gib mir Geduld!
Guter und starker Gott,
erbarme dich meiner! Amen.

Gedanken über das Kranksein

Reinhard Abeln

Alles hat seine Zeit

Alles im Leben hat seine Zeit. Dieser kurze Satz hat seine zwei gewichtige Seiten. Es gibt Zeiten, die erfreulich sind und uns froh machen, und es gibt Zeiten, die uns belasten und uns wehmütig stimmen. Es gibt schlechte und traurige Zeiten, und es gibt Zeiten, wo wir gern die Uhr anhalten möchten.

Im Alten Testament heißt es: „Alles hat seine Stunde. Für jedes Geschehen unter dem Himmel gibt es eine bestimmte Zeit: eine Zeit zum Gebären und eine Zeit zum Sterben, eine Zeit zum Pflanzen und eine Zeit zum Abernten der Pflanzen, eine Zeit zum Töten und eine Zeit zum Heilen, eine Zeit zum Niederreißen und eine Zeit zum Bauen, eine Zeit zum Weinen und eine Zeit zum Lachen, eine Zeit für die Klage und eine Zeit für den Tanz ..." (Koh 3,1-4).

Ich möchte die Reihe noch ein wenig fortsetzen: Es gibt eine Zeit, Kinder zu bekommen, und eine Zeit, Kinder zu verlieren; eine Zeit zu heira-

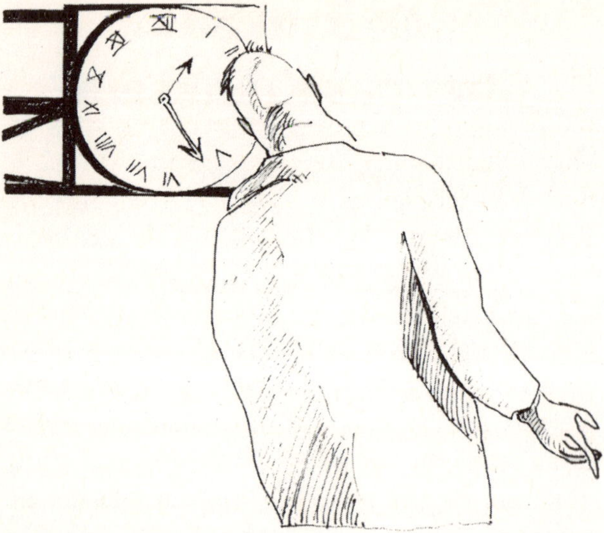

ten und eine Zeit, getrennt zu werden; eine Zeit, einen Beruf zu ergreifen, und eine Zeit, aus dem Beruf auszuscheiden; eine Zeit, zu arbeiten und eine Zeit, von der Arbeit auszuruhen; eine Zeit, Sorgen zu haben, und eine Zeit, Freude zu erleben, eine Zeit, Dankbarkeit zu erfahren, und eine Zeit, Undank zu ernten.

Für alles gibt es also eine Zeit. Auch Gesundheit und Krankheit unterliegen diesem Wechsel im menschlichen Leben. Auf Sonne folgt Regen. Das gilt draußen für die Natur. Das gilt auch für den Menschen.

Kranksein heißt Krise

Die einen hat ein Unfall ans Bett gezwungen, die anderen leiden unter einer schweren seelischen Bedrückung. Wieder andere haben größere Schwierigkeiten mit dem Herzen, mit den Beinen oder mit dem Magen. Bei einigen ist es das zunehmende Alter, das sie schwächt. Andere befinden sich zur Zeit im Krankenhaus.

Krankheiten versetzen uns in eine ganz neue Situation. Man wird aus dem gewohnten Leben herausgerissen. Man ist unfähig, einer Arbeit nachzugehen, ist vielleicht zum Nichtstun verurteilt. Man ist abgeschnitten vom gewohnten täglichen Umgang mit anderen Menschen. Wie viel geht einem in dieser Situation durch den Kopf! Die Gedanken kreisen vielleicht unaufhörlich um dieselben Sorgen. Man fängt an zu grübeln: Wie soll es weitergehen? Wird alles wieder gut? Muss ich Liebgewordenes aufgeben?

Auf jeden Fall ist man durch die Krankheit in eine Krise geraten. Viele Dinge, die bisher als selbstverständlich galten, sind auf einmal nicht mehr selbstverständlich. Pläne und Wünsche, die man gehabt hat, sind plötzlich – von heute auf morgen – durchkreuzt worden. Wir sind an eine (bisher nicht gekannte) Grenze gestoßen. Das alles setzt einem zu.

Eine 65-jährige Kranke schildert ihre Situation

so: „Dass ich jetzt hier liege, hat mich ganz aus der Bahn geworfen. Ich bin ja noch nie krank gewesen. Eigentlich wehre ich mich sogar dagegen. Ich bin ständig bemüht, mir nichts anmerken zu lassen. Aber dann spüre ich, es geht einfach nicht. Und ich denke mir, vielleicht ist diese Erfahrung für mich sogar ganz wichtig."

Ja sagen

Wie werde ich fertig mit meiner Krankheit, mit dem Leid, das mich getroffen hat? Ganz wichtig ist, dass wir uns unser Kranksein eingestehen, dass wir Ja sagen zu unserem Kreuz.
Ja sagen heißt: Ich will meine Krankheit wahrhaben, ich leugne und überspiele sie nicht. Ich mache mir nichts vor. Ich gestehe mir ein: „So und so ist es. Das und das ist mir auferlegt. Das und das kann ich nicht leisten."
Der Dichter Johannes Maria Weinrich, der schwer verwundet aus dem Ersten Weltkrieg kam und sein Leben lang behindert blieb, berichtet von einem Querschnittsgelähmten, der im Rollstuhl nach Lourdes gebracht wurde und dort um Hilfe in seinem Leiden bat. Nachdem der Priester ihn mit dem „Allerheiligsten" gesegnete hatte, rief der Kranke: „Ich bin geheilt, ich

bin geheilt!" Die umstehenden Wallfahrer riefen: „Ein Wunder, ein Wunder!"
In der Tat: Das Wunder war geschehen, aber anders, als viele dachten. Der Gelähmte blieb gelähmt. Rein äußerlich hatte sich bei ihm nichts geändert, wohl aber innerlich. Der Kranke sagte jetzt Ja zu seinem Leiden. Er erkannte: Das Leiden hat einen Sinn, auch wenn ich ihn nicht verstehe.
Sagen wir Ja zu unserer Krankheit! Im Jasagen offenbart der Mensch nicht nur seine Wahrhaftigkeit, sondern auch seinen inneren Adel. Es ist keine Schande, schwach zu sein, Angst zu haben, versagt zu haben, hinter dem Soll zurückzustehen ...

Das Prinzip Hoffnung

Wenn wir krank sind, hoffen wir auf Besserung, und wenn es uns ein ganz klein wenig besser geht, hoffen wir auf baldige Genesung. Am Morgen hoffen wir auf einen guten Abend, und am Abend hoffen wir schon wieder auf einen guten Morgen. Im Winter hoffen wir auf den Frühling und im Sommer auf den Herbst. Das „Prinzip Hoffnung" ist jedem von uns eingepflanzt.
Ohne Hoffnung können wir nicht leben. Wir

können eine Zeit lang auf Essen und Trinken verzichten, wie uns immer wieder Menschen, die in Hungerstreik treten, zeigen. Aber ohne Hoffnung können wir nicht sein. Der Volksmund hat Recht, wenn er sagt: „Hoffnung verloren – alles verloren.“ Wer nichts mehr hofft, nichts mehr zu erhoffen hat, gibt sich auf. Hoffnungslosigkeit kann sogar zum Tode führen.

In seinem berühmten Buch „Menschsein als Auftrag“ berichtet der Internist Arthur Jores von einem Soldaten in russischer Gefangenschaft, der eines Tages völlig zusammengebrochen auf einer Bank saß. Auf die Frage, was ihm „fehle“, zeigte er dem Lagerarzt einen Brief seiner Frau aus Deutschland. Darin stand, dass sie inzwischen einen anderen Mann kennengelernt habe und vorhabe, sich scheiden zu lassen, wenn er heimkehre. 48 Stunden später war der Mann tot. Die Hoffnungslosigkeit hatte ihn umgebracht.

Hoffnung ist ein Wort, das wir jeden Tag von Neuem durchbuchstabieren müssen. Sie ist wie eine zarte Pflanze, die man gut und regelmäßig pflegen muss, damit sie gedeihen kann.

Die Blume in der Wüste

Eine überlieferte Legende erzählt: Es war einmal eine kleine Blume, die mitten in der Wüste stand. Täglich wartete sie auf einen Regentropfen. Immer hatte man ihr erzählt, wie wichtig und schön der Regen sei. Doch wenn es wirklich nach Regen roch, kamen die Geier und fingen alle Hoffnung ab. Mit Mühe hielt sich die kleine Blume im lockeren Boden und hatte einfach Angst: Angst vor der sengenden Hitze, Angst vor dem nächsten Sturm.

Ein Kolibri sah ihre Traurigkeit und sagte dies den anderen Tieren weiter. Der Stier hatte kein Interesse. Für ihn galt nur, was stark ist. Auch der Bernhardiner blieb kalt, ihn rührte nichts. Und die Elster, die immer so große Töne schwang, sagte, sie habe zu viele Termine und wirklich keine Zeit.

Da war der Kolibri verzweifelt. Denn was sollte er, ausgerechnet der Kleinste unter den Vögeln, tun? Da schwirrte er kurz entschlossen zu den Ameisen und berichtete ihnen von den großen Traurigkeiten der Blume. Ohne zu zögern, bildeten die kleinen Tiere eine lange Kette, schleppten Grassamen und Früchte bis an die Wurzel des Kummers, benetzten alles ein wenig mit Tau, und es dauerte nicht lange: Da wuchs Leben mitten in der Wüste, und die kleine Blume entwickelte sich zu einem strahlenden Glanz, den ihr niemand zugetraut hatte ...

Die Geschichte zeigt sehr schön: Wer weiterleben will, braucht andere, die auf ihn zugehen und ihm *Hoffnung* schenken.

Die schönste Zeit

Eines Tages traf ich einen steinreichen Mann, der die ganze Welt durchreist und vieles gesehen und erlebt hatte, wovon die meisten von uns kaum einmal träumen können.

Als ich ihn fragte: „Wann haben Sie sich eigentlich am glücklichsten gefühlt in Ihrem Leben?“, da sagte er: „Als ich als Kind eine schwere Krankheit hatte und lange Zeit zu Haus im Bett liegen musste.“

„Und das war Ihre schönste Zeit?“, fragte ich erstaunt zurück. „Ja“, antwortete er. „Weil meine Eltern viel arbeiten mussten, pflegte mich damals meine Oma. Ihre Milde und Geduld kann ich nie in meinem Leben vergessen. Sie hatte selbst viel zu tun – aber die ganzen Wochen, wo ich krank war, sah ich auf ihrem Gesicht immer nur die gleiche leuchtende Güte, niemals auch nur den kleinsten Zug von Verdrossenheit oder Gereiztheit. Ja, damals war ich am glücklichsten.“

Einem Menschen, der krank ist, wird geholfen, wenn er weiß, dass sich ihm jemand zuneigt. Zuneigung erfahren zu dürfen, ist ein großes Geschenk. Wer Zuneigung erfährt, kann hoffnungsfroh in die Zukunft schauen.

Der Mensch ist kein Nachtschattengewächs. Er braucht, besonders in Zeiten der Krankheit, immer wieder Lichtblicke und Höhepunkte – und

das heißt Zuwendung, Liebe. Mit Recht sagt ein afrikanisches Sprichwort: „Der Mensch ist des Menschen beste Medizin."
In der Gegenwart eines lieben Menschen wiegt vieles leichter und erscheint vieles heller!

Kranksein braucht Geduld

Wer krank ist, braucht Geduld. Er braucht Geduld mit sich selbst, mit anderen und schließlich auch Geduld mit dem oft scheinbar schweigenden Gott. Der Geduldige verzagt nicht, sondern bemüht sich immer wieder, Schritte nach vorn zu tun. Er handelt wie ein Frosch, der – so erzählt eine nachdenkenswerte Geschichte – mit zwei anderen Fröschen in ein Fass Milch gefallen war und dem es gelang, durch unermüdliches und ausdauerndes Strampeln seinem „Gefängnis" zu entkommen:
Es gab drei Frösche, die fielen in ein Fass Milch. Als sie nicht wieder heraus konnten, war unter ihnen einer, ein *Optimist*, der sagte: „Ach, wir werden schon rauskommen, wir warten nur ab, bis jemand kommt." Er schwamm so lange herum, bis seine Atemwege von der Milch verstopft und verklebt waren. Dann ging er unter.
Der andere Frosch war ein *Pessimist*. Er sagte:

„Man kann ja überhaupt nichts machen!" Und dabei ging er unter.

Der dritte Frosch war ein *Realist*. Er sagte: „Wollen wir doch strampeln, man kann nie wissen. Strampeln wir!" Und so strampelte er stundenlang. Plötzlich spürte er etwas Festes unter seinen Füßen. Er hatte aus der Milch Butter gestrampelt. Nun kletterte er auf den Butterkloß und sprang hinaus!

An diese Geschichte sollten wir denken, wenn wir wieder einmal auf die Probe, auf die „Geduldsprobe" gestellt werden; wenn wir uns plötzlich dabei ertappen, dass uns der Geduldsfaden reißen will! Üben wir uns immer wieder in der Geduld, geben wir nicht auf, auch wenn uns danach zumute ist, lassen wir nicht nach im ausdauernden und geduldigen „Strampeln"! Kranksein braucht Zeit und ein ruhiges Tempo!

Der Vogel und der Baum

Das Peinigende und Schmerzhafte an der Krankheit ist, dass wir nicht wissen, wie lange alles dauert, worauf alles hinauslaufen wird. Der Kranke gleicht da einem jungen Baum, von dem eine Geschichte erzählt, dass er eines Tages ganz traurig wurde, weil alle anderen Bäume in seiner Umgebung schöner, größer und stärker waren als er. Dieser Baum wollte nicht mehr weiterwachsen, denn er glaubte nicht daran, er könne so werden wie die übrigen.

Es geschah einmal, dass aus der Erde eine kleine Pflanze emporwuchs. Sie freute sich so über das Licht und die Luft, dass sie sich mit allen Kräften entfaltete und größer und größer und größer wurde. Ja, bald konnte man sehen, wie ein kleiner Baum dastand, mit zarten Zweigen und Blättern, in einem wunderschönen Grün.
Eines Abends ließ das Bäumchen seine Blät-

ter traurig hängen, und auch die kleinen Äste neigten sich zur Erde. Ein Vogel, der in dieser Gegend gerne in den Zweigen der Bäume sang, merkte das, flog auf einen der Äste und fragte den jungen Baum, was geschehen sei.
„Ach", klagte dieser, „ich will nicht mehr weiterwachsen. Wenn ich alle die schönen, großen, starken Bäume um mich herum sehe, wie sie ihre mächtigen Zweige gegen den blauen Himmel recken, dann denke ich: Das schaffst du nie!"

Der Vogel wiegte sich eine Weile auf dem biegsamen Ast, während er nachdachte. Dann sagte er: „Du musst *Geduld* haben. Jeden Tag bekommst du so viel Sonne, Regen und Wind, wie du gerade brauchst. Nimm das an und sei zufrieden! Alles andere wird sich von selbst finden!"

Die Worte des Vogels stimmen nachdenklich. Sie gelten nicht nur dem Baum, sie gelten auch jedem Kranken.

Vielen geht es schlechter

Ich war traurig, als ich vier Wochen lang in einem Krankenhaus zubringen musste. Ein Beinbruch war Schuld daran, dass ich für so lange Zeit aus der Arbeit gerissen wurde. Viele Pläne, die ich mir gemacht hatte, wurden plötzlich zerstört. Dunkle Wolken kamen über mich. Ich litt unter Selbstmitleid.

In der Klinik lernte ich einen jungen Vater kennen. Er war noch keine dreißig Jahre alt. Seine Frau hatte soeben das erste Kind zur Welt gebracht. Der junge Mann hatte sich riesig gefreut, als er im Krankenhaus davon hörte, dass er einen gesunden Jungen bekommen hatte. Jetzt waren sie zu dritt, so wie sie es gewünscht hatten. Glücklich!

Aber der junge Vater war krank. „Krebs“, flüsterten seine Mitpatienten auf der Station. Er musste sich täglichen Bestrahlungen unterziehen. Ich glaube, er ahnte allmählich, wie es um ihn stand. Er wurde immer elender. Ich las die Sehnsucht nach Frau und Kind aus den Augen dieses Mannes.

Als ich aus dem Krankenhaus entlassen wurde, da hatte ich kaum die Kraft, mich von dem jungen Vater zu verabschieden. Ich schämte mich meiner wiedererlangten Gesundheit. Und ein Wort der amerikanischen Schriftstellerin Helen Keller

(1880–1968), die selbst blind und taubstumm war, kam mir in den Sinn: „Ich weinte, weil ich keine Schuhe hatte – bis ich einem begegnete, der keine Füße hatte.“
Es ist gut, wenn wir uns hin und wieder mit Menschen vergleichen, denen es viel schlechter geht als uns.

Heilende Kräfte

In Wochen, Monaten oder Jahren der Krankheit geschieht bei vielen Menschen etwas ganz Wunderbares: Die materiellen Dinge verlieren an Wichtigkeit, das Innenleben wird reicher. Man kann sich auf einmal wieder freuen an winzigen Kleinigkeiten: am Singen der Vögel, an einem schönen Apfel, an einer Blume, an der Freundlichkeit des Arztes und der Krankenschwester, am Takt und an der Aufmerksamkeit der Besucher.
Oft schon haben wir es erfahren, dass heilende Kräfte von solchen Kranken ausgehen, und jeder, der mit leidenden Menschen zusammenkommt, wird es bestätigen können. Mancher gelähmte Mensch, der hoffnungslos ans Krankenbett gefesselt ist, wurde für unzählige Menschen zu einem geistigen Führer.
Ein Schriftsteller berichtet von einer solchen

schwer geprüften Frau: „Kein heftiges oder unweises Wort kam über ihre Lippen. Immer wenn wir uns unserer Jugend gemäß in den Vordergrund spielten, etwas ungestüm wünschten oder über etwas nicht Erreichtes niedergeschlagen waren, sagte sie (die gelähmte Frau) nur sanft lächelnd: „Nehmt euch doch nicht so wichtig! Alles andere ist wichtiger als ihr!"
Eine 75-jährige Frau, die in einem ländlichen Pflegeheim lebte und schon seit längerem bettlägerig war, ließ es sich nicht nehmen, ihrer Umwelt viel Freude zu machen. Mit liebenswürdiger Unbefangenheit beschenkte sie alle, die zu ihr kamen, mit dem Frieden ihres Herzens. Sie hörte aufmerksam zu, erzählte viel Interessantes, schenkte Trost und gab klugen Rat. „Ich will mit Gottes Hilfe wenigstens noch ein kleiner Ofen sein, von dem Wärme ausgeht", sagte sie eines Tages lächelnd zu einem Besucher.

Was ich dir wünsche

Aus Irland stammen die folgenden Segenswünsche:

Nicht, dass jedes Leid dich verschonen möge,
noch dass dein zukünftiger Weg stets Rosen trage,
keine bittere Träne über deine Wange komme
und kein Schmerz dich quäle –
dies alles wünsche ich dir nicht.

Sondern:

Dass dankbar du allzeit bewahrst
die Erinnerung an gute Tage.
Dass mutig du gehst durch Prüfungen,
auch wenn das Kreuz auf deinen Schultern lastet,
auch wenn das Licht der Hoffnung schwindet.

Was ich dir wünsche:

Dass jede Gabe Gottes in dir wachse,
dass einen Freund du hast,
der deiner Freundschaft wert ist.
Und dass in Freud und Leid das Lächeln
des menschgewordenen Gotteskindes
dich begleiten möge.

Ein paar Sonnenstrahlen

Die Frau gestand: „Gestern fühlte ich mich seelisch so elend, völlig auf dem Tiefpunkt. Die Sorgen, wissen Sie, sind mir beinahe über den Kopf gewachsen. In meiner Not habe ich eine gute Bekannte angerufen, zu der ich Vertrauen habe. Das hat mir sehr geholfen. Danach war ich wieder richtig froh."

Die Frau, 55 Jahre alt, war mutlos, seelisch krank, niedergeschlagen, ohne Freude im Herzen. Sie sah nur noch Scherben und eine dunkle Zukunft vor sich, konnte nicht mehr über den Zaun ihres Alltags hinwegsehen. Da fand sie einen Gesprächspartner, den sie mochte. Und schon entstand in ihrer Seele wieder Hoffnung, Mut, Zuversicht, Freude!

Es ist schlimm, wenn man von niemand getragen wird. Das gilt ganz besonders in Zeiten der Krankheit. Jeder braucht dann jemanden, der „seinem Herzen nahesteht" (Martin Buber). Ein schönes Kalenderwort sagt viel Richtiges aus: „Wenn einer kommt, der dich tröstet, weil du Kummer hast; wenn einer kommt, der dich streichelt, weil du verzweifelt bist; wenn einer kommt, der dir hilft, weil du krank bist – dann war dies ein Engel!"

Warum sollten wir bei der Bitte um das tägliche Brot nicht auch um einen „Engel" bitten, der einem im richtigen Augenblick das richtige Maß an Sonnenschein schenkt? Bisweilen sind ein paar Sonnenstrahlen – ein gutes Wort, ein Händedruck, eine Umarmung, die schlichte Frage: „Wie geht es Ihnen?“ – wichtiger als ein Stück Brot.

Helfen statt reden

Eine Frau schickte einer kranken Nachbarin eine Spruchkarte über den Sinn des Lebens. Darauf meinte die Kranke ihrem Gesprächspartner gegenüber: „Meinen Sie nicht auch, dass mir viel mehr geholfen wäre, wenn mir meine Nachbarin die dringendsten Einkäufe besorgt oder mir einige Tage lang das stehengebliebene Geschirr gespült hätte?“

In Augenblicken, wo man sich nicht wohl fühlt, wo man schwach und entmutigt ist, ist es von größter Bedeutung, einen guten Menschen zu haben, der einem zur Seite steht und hilft.

„Zwei sind besser als einer allein“, versichert das alttestamentliche Buch Prediger, „denn wenn sie hinfallen, richtet einer den anderen auf. Doch wehe dem, der allein ist, wenn er hinfällt, ohne dass einer bei ihm ist, der ihn aufrichtet“ (Koh 4,9–10).

Peter Spangenberg hat uns die Geschichte von einer kranken Häsin erzählt, die von vielen Tieren (Igel, Eule, Feldmaus, Reh, Katze, Maulwurf) Besuch bekam. Alle gaben der Kranken gute Ratschläge, indem sie sagten: „Kommt Zeit, kommt Rat", „Gut Ding will Weile haben", „Es wird schon werden" oder „Ende gut, alles gut". Die Einzigen, die der Häsin wirklich halfen, waren die Ameisen. Sie machten die Küche sauber, versorgten die Jungen, stellten Feldblumen auf den Tisch ... Sie gaben der Kranken wieder Hoffnung.
Von Tieren können wir Menschen lernen. Die Ameisen zeigen uns, worauf es im Leben ankommt, was letztlich wichtig und bedeutsam ist.

Der kranke Rabbi

Eine rabbinische Geschichte erzählt: Einmal musste der Rabbi für eine Weile das Bett hüten, weil er ernstlich erkrankt war. Doch trotz seiner Krankheit konnte er noch Witze machen.

Die Frau des Rabbi war um die Gesundheit ihres Mannes sehr besorgt. Wenn sie an seinem Bett saß, konnte sie ihre Tränen oft nicht mehr zurückhalten.

Als der Rabbi seine Frau wieder einmal weinen sah, sagte er zu ihr: „Warum weinst du, meine Liebste? Geh und wasche dein Gesicht, zieh dein bestes Kleid an und lächle!"

„Aber Rabbi", sagte die Frau, „das kann ich nicht, wenn du solche Schmerzen hast und so viel leidest!"

„Warum nicht?", erwiderte der Rabbi. „Ich weiß, dass bald der Todesengel kommen wird. Und wenn er sieht, wie schön du bist, dann wird er vielleicht seine Meinung ändern und dich mitnehmen – und nicht mich!"

Es ist wohltuend, auf kranke Menschen zu treffen, die trotz ihres Leidens ihren Humor nicht verloren haben. Natürlich ist das Leid im Leben schwer zu ertragen und natürlich lässt uns eine Krankheit bittere Stunden durchkosten. Aber ist das alles schon ausreichend, um vor dem einfallenden Sonnenstrahl der Heiterkeit die Läden zu verschließen und in finsterer Resignation den Weltschmerz auszubrüten? Natürlich ist es niemandem verwehrt, sich über alles zu ärgern, nur verpflichtet ist man dazu nicht. „Humor ist der Schwimmgürtel des Lebens“, sagt der Dichter Wilhelm Raabe (1831–1910).

Lachen ist gesund

Eine alte Lebensweisheit lautet: „Lachen ist die beste Medizin, die am wenigsten kostet und am sichersten hilft.“ Hier ein paar Kostproben:

Im Religionsunterricht fragt Thomas: „Seit wann ist denn der liebe Gott krank?“ – Die Lehrerin ist verwundert und antwortet: „Wieso? Der liebe Gott kann doch gar nicht krank werden.“ – Thomas aber bleibt bei seiner Meinung: „Ich habe heute Morgen in der Zeitung gelesen: Gott hat Herrn Doktor Müller zu sich gerufen!“

Der kleine Christoph geht ins medizinische Fachgeschäft. „Ist das Hörgerät für meinen Opa fertig?“, fragt er. – „Noch nicht, mein Junge“, antwortet der Inhaber freundlich. „Braucht es dein Opa denn so dringend?“ – „Das nicht“, erwidert der Kleine, „aber meine Oma möchte ihm mal wieder so richtig den Marsch blasen!“

Ein altes Ehepaar rief im Fernsehgeschäft an und verlangte dringend einen Elektriker. Als er kam, empfing ihn die Frau fröhlich an der Tür und sagte: „Es ist alles wieder in Ordnung." – „Dann war's eine kleine Sache, was?" – „Ach, es war gar nichts mit dem Apparat. Wir hatten nur unsere Brillen vertauscht."

Der älteste Bürger der Stadt wird interviewt. 102 Jahre ist er alt. „So, Sie sind also der älteste Einwohner unserer Stadt?" – „Nein", flüstert der Alte, „meine Frau ist zwei Jahre älter. Aber das darf niemand wissen!"

„Regen Sie sich nicht auf", sagt der Arzt zur Patientin, „ich habe Sie genau untersucht. Mit Ihrem Leiden können Sie ohne Weiteres achtzig Jahre alt werden." – Die Patientin erschrickt und fällt in tiefe Ohnmacht. Der Arzt bringt sie wieder zu sich und meint: „Warum fallen Sie denn um, wenn ich Ihnen sage, dass Sie leicht achtzig Jahre alt werden können?" – „Wissen Sie, Herr Doktor", antwortet die Patientin, „ich bin doch schon siebenundachtzig!"

Der Pfarrer hat der kranken Großmutter die Krankenölung gespendet. Am anderen Tag trifft er ihren Enkel und fragt: „Na, Michael, wie geht's denn deiner Oma?" – Darauf der Junge. „Danke, Herr Pfarrer, seit dem Ölwechsel geht's ihr wieder besser!"

Anja hat zum siebten Geburtstag viele Kinder aus der Nachbarschaft eingeladen. Alle bringen Geschenke mit, hauptsächlich Süßigkeiten. „Die schicken wir am besten den armen Kindern in der Dritten Welt", sagt die Mutter, „sonst bekommst du wieder so ein schlimmes Zahnweh!" – Anja lehnt energisch den Vorschlag der Mutter ab: „Die behalte ich lieber selber, sonst bekommen die armen Kinder auch noch Zahnweh!"

Die Wunderpillen

Ein Arzt besucht seine Patienten im Altenheim. Ihm fällt ein 96-jähriger Mann auf, der stets zufrieden und freundlich ist. Eines Tages spricht ihn der Arzt darauf an und fragt nach dem Geheimnis seiner Freude. Lachend antwortet der Mann: „Herr Doktor, ich nehme jeden Tag zwei Pillen ein, die helfen mir!"
Verwundert schaut ihn der Arzt an und fragt: „Zwei Pillen nehmen Sie täglich? Die habe ich Ihnen doch gar nicht verordnet!"
Verschmitzt lacht der Mann und gibt dem Arzt zur Antwort: „Das können Sie auch gar nicht, Herr Doktor. Am Morgen nehme ich gleich nach dem Aufstehen die Pille Zufriedenheit. Und am Abend, bevor ich einschlafe, nehme ich die Pille

Dankbarkeit. Diese beiden Arzneien haben ihre Wirkung noch nie verfehlt."
„Das will ich Ihnen gerne glauben", meint der Arzt. „Ihr gutes Rezept werde ich weiterempfehlen."
Zufriedenheit und Dankbarkeit – diese beiden Pillen können auch uns helfen, mit dem Leben,

auch und gerade in Zeiten der Krankheit, fertig zu werden. Wer diese Pillen regelmäßig nimmt, wird und bleibt menschlich. Er erkennt, dass er zutiefst kein „Macher“, sondern ein „Empfänger“ ist, dass einem das Schönste und Tiefste im Leben geschenkt wird.
Machen wir's dem 96-Jährigen nach und nehmen wir morgens die Pille Zufriedenheit und abends die Pille Dankbarkeit! Dann wird alles im Leben erträglich, auch wenn wir uns manchmal noch so hilflos vorkommen.

Dank für alles

„Gott sein Dank für alles“ war ein Wort, das oft aus dem Mund des bekannten Molière-Darstellers Ernst Ginsberg zu hören war. Ginsberg litt an einer schweren Krankheit. Er wurde nach und nach gelähmt und konnte schließlich nicht mehr sprechen. Er verlor die beiden wichtigsten und geliebtesten Handwerkszeuge eines Schauspielers: die Geste und das Wort.
Der vom Judentum zur katholischen Kirche konvertierte Ginsberg lebte ganz aus dem Glauben. Je mehr seine Krankheit fortschritt und ihn immer stärker hemmte, desto mächtiger wurde sein Gefühl, das ihn in seinen letzten Lebensmonaten

immer deutlicher beherrschte: das Bedürfnis zu danken.

Manchmal ist es dem großen Schauspieler sicher sehr schwer gefallen, im Krankenbett auch noch zu danken – in einem Zustand, wo er immer mehr zerfiel und den sicheren Tod bereits vor Augen hatte. Aber gerade in diesem Zustand körperlicher und seelischer Zerschlagenheit hat er ein Bittgebet formuliert, das den im Dank gründenden Glauben besonders deutlich macht:

„O, mein Gott, in der Sturmflut dieser Zerstörung,
in der mir die Sprache röchelnd ertrank,
lass mir – o, schenk meiner Bitte Erhörung –
nur dieses einzige Wort noch: Dank!"

Auch wir sollten keinen Tag vergehen lassen, an dem wir nicht Gott danken für alle schweren, aber auch für alle frohen Stunden in unserem Leben. Nur wer Gott „von innen heraus" dankt, ist und bleibt menschlich.

Eine kostbare Perle

Eine arabische Fabel erzählt: Eine Auster klagte der anderen: „Ich habe Schmerzen. Es ist, als trüge ich eine Kugel aus Blei in meinem Leib. Was soll bloß daraus werden ...?"
Die andere Auster erwiderte stolz: „Ich fühle mich kerngesund, bin munter und fidel. Du wirst an deiner Kugel noch sterben. Ich habe das Leben noch vor mir."
Ein Krebs, der dem Gespräch der beiden gelauscht hatte, meinte: „Was verstehst du stolze Auster schon vom Leben? Du meinst, Jugend, Schönheit und Gesundheit seien alles. – Sie hat zwar Schmerzen, aber sie trägt eine Perle in sich."

Es gibt Menschen, die schwer krank sind, aber ein Glück und eine Heiterkeit ausstrahlen, dass man sprachlos ist. Sie tragen – so verdeutlicht die Fabel – eine „Perle“ in sich, die ihnen hilft, ihr Kranksein froh und dankbar anzunehmen.
Achtzig Jahre war der Mann, ging am Stock und sah nicht mehr gut. Auf die Frage, wie es ihm gehe, gab er zur Antwort: „Ich bin sehr glücklich und zufrieden. Trotz meiner Krankheiten und Gebrechen freue ich mich an jedem neuen Tag. Ich finde es schön, lange leben zu dürfen. Und ich bin dankbar dafür, dass mir der Herrgott so viele Jahre geschenkt hat.“
Warum fällt es uns eigentlich so schwer, froh und dankbar zu sein? Warum geben wir so selten zu, dass wir eigentlich die glücklichsten Menschen auf dieser Erde sein müssten?

Krankheiten sind Schlüssel

André Gide (1869–1951), der große französische Schriftsteller, schreibt in seinem Tagebuch: „Ich glaube, dass Krankheiten Schlüssel sind, die uns gewisse Tore öffnen können. Ich glaube, es gibt gewisse Tore, die einzig die Krankheit öffnen kann. Es gibt jedenfalls einen Gesundheitszustand, der uns nicht erlaubt, alles zu verstehen.

Vielleicht verschließt uns die Krankheit einige Wahrheiten, ebenso aber verschließt uns die Gesundheit andere."

Weil Krankheiten „Schlüssel" sind, darum darf ich auch für sie dankbar sein. Natürlich nicht für die Schmerzen, wohl aber für das, was uns Gott durch sie „sagen" will. Und das kann alles Mögliche sein: Ich soll meinen Lebensstil ändern – mich nicht überfordern – allem den richtigen „Stellenwert" geben – entdecken, dass das Meiste und Kostbarste im Leben eben doch ein Geschenk ist – mich allmählich einüben in den Übergang vom Tun zum Lassen – erkennen, dass der Mensch nicht das ist, was er *leistet*, sondern was er *ist*.

Irgendwo lagen zwei kranke Männer im gleichen Krankenzimmer. Der eine war blind, der andere hatte keine Beine mehr. Als der Blinde mit seiner Frau allein war, sagte er: „Wie gut geht es mir! Ich kann laufen, die frische Luft genießen. Du nimmst mich an den Arm. Wenn du nicht da bist, führt mich unser Hund. Wie dankbar bin ich, dass ich bloß blind bin!"

Als der Amputierte mit seiner Gattin allein war, meinte er: „Wie glücklich bin ich doch! Ich kann dich sehen, unsere Kinder, unsere Enkel, unsere Wohnung, die Einrichtung, die herrliche Landschaft, den Garten, die Wälder. Du führst mich im Rollstuhl heraus. Vielleicht reicht es später zu Prothesen. Wie dankbar bin ich, wenn ich an meinen blinden Mitpatienten denke!“

Die erblindete Russin

Eine alte Russin erblindete durch Netzhautablösung. Ein Auge war schon früher erblindet, das andere erblindete gerade in dem Augenblick, als sie erfuhr, dass ihr tot geglaubter Sohn aus der Kriegsgefangenschaft heimkehrte.
Kein Wort der Klage! Die Frau stellte sich sofort auf die Dunkelheit um. Sie lernte Blindenschrift, bewegte sich in gewohnter Umgebung ziemlich sicher, lud Freunde ein und bewirtete sie. Keinem hat sie erlaubt, sie zu bemitleiden. Sie meinte, Gott hätte ihr ihren geliebten Sohn wiedergeschenkt. Was wäre schon ihre Blindheit dagegen!
Einmal meinte sie gegenüber einer Freundin: „Weißt du, wenn Gott mir jetzt sagte, du sollst deine Augen wieder haben, ich weiß nicht, ob ich froh darüber wäre. Ich habe gelernt, so vieles zu sehen, was ihr alle nicht seht. Die Welt ist mir so reich geworden, dass ich das normale Sehen gar nicht misse.“

Ist eine solche Krankheit ein Unglück? Wird sie in der Gelassenheit nicht zum Segen und zur Verwandlung? Mancher hat schon dankbar bekannt: „Wäre ich nicht krank geworden, ich wäre ein oberflächlicher und vordergründiger Mensch geblieben!"

Das Kreuz, sprich: die Krankheit, ist eine *Last*, aber warum soll die Last kein *Segen* sein? Nur wer „unten" ist, weiß, was „oben" ist. Nur wer die „Finsternis" kennt, weiß, was „Licht" ist. Und wenn es „Morgen" werden soll, müssen wir vorher durch die „Nacht" gegangen sein.

Angenommenes Leid

Mit Recht sagt Heinrich Seuse (um 1295–1366), ein deutscher Mystiker und Wanderprediger: „Was weiß eigentlich ein Mensch, der nie gelitten hat?" Vom Leben gar nichts! Ebenso wahr und treffend ist ein Wort des Schriftstellers Werner Bergengruen (1892–1964) in seiner „Himmlischen Rechenkunst": „Was dem Herzen sich verwehrte ..., jeder Schmerz entlässt dich reicher.

Eine Dame, die eine große Telefonzentrale zu bedienen hatte, wurde gebeten, eine bestimmte Nachricht zu notieren. Sie sagte, das gehe leider nicht, da sie fast blind sei. Der Mann, der die Bitte ausgesprochen hatte, wollte die Dame trösten. Aber das war ganz unnötig – er wurde von ihr getröstet.
Die Frau sagte, sie werde bald ganz blind sein. Sie sei nämlich wegen des Verdachts auf einen „grauen Star" operiert worden, und es habe sich dann der „grüne" eingestellt. Seitdem sei ihr Leben viel schöner geworden. Sie lebe jetzt viel konzentrierter als vorher, nichts könne sie mehr ablenken. Ihr Gedächtnis sei viel besser geworden, seit sie sich auf das Wesentliche beschränke. Wörtlich sagte die Dame: „Was in meinem Leben wichtig ist, beginne ich erst jetzt zu erkennen. Ein besonderes Glück ist es, dass ich schon viel in meinem

Leben gesehen habe. Ich war in Amerika und Israel, in Frankreich und China. Ich kann gar nicht damit aufhören, über all das nachzudenken. Es wird dadurch nicht blasser, sondern stärker. Die meisten Leute beklagen sich ständig. Dabei habe ich wiederholt beobachtet: Es sind vor allem die, denen nicht das Geringste fehlt."

Dieses Beispiel zeigt uns: Angenommenes Leid klärt ab, macht den Menschen stärker. „Keiner ist weise, der nicht das Dunkel kennt", sagt der Dichter Hermann Hesse (1877–1962).

Erlittenes Leben – ein Segen!

Wer im Leben zur Untätigkeit gezwungen ist, der darf überzeugt sein, dass geduldiges Ertragen von Krankheit, Leiden, Schmerzen eine große Tat ist. Nicht allein das tätig erfüllte, auch das erlittene Leben kann zum Segen werden, für den Leidenden selbst und für die anderen.

Durch Leiden will Gott uns nicht etwa quälen, sondern uns noch tiefer hineinführen in den Geist gänzlicher Hingabe.

Ein Mann, der seit Jahren liegen musste, hatte einen Zettel in seinem Nachtschränkchen aufbewahrt, den er immer wieder zur Hand nahm. Darauf stand ein Wort des heiligen Paulus an die

Gemeinde von Philippi: „Christus will ich erkennen und die Macht seiner Auferstehung und die Gemeinschaft mit seinem Leiden; sein Tod soll mich prägen. So hoffe ich, auch zur Auferstehung von den Toten zu gelangen" (Phil 3,10f.). Der mit Jesus Leidende stößt zum Wesentlichen vor. Wie dringend nötig hat die Welt und hat im Besonderen die Kirche solche tapfer leidenden Menschen!

Reich gesegnet

Auf einer Bronzetafel in einem New Yorker Spital finden sich einige nachdenkenswerte Gedanken eines unbekannten Kranken:

Ich bat Gott um Kraft, um etwas zu leisten ...
Ich wurde *schwach*, auf dass ich in Demut gehorchen lerne.

Ich bat um Gesundheit, um Größeres zu tun ...
Ich erhielt *Krankheit*, auf dass ich Besseres tue.

Ich bat um Reichtum, um glücklich zu werden ...
Ich erhielt *Armut*, auf dass ich weise werde.

Ich bat um Macht, um Menschenruhm zu ernten ...
Ich erhielt *Schwäche*, auf dass ich Gottes Hilfe suche.

Ich erbat alles, um mich des Lebens zu erfreuen ...
Ich erhielt das *Leben*, um mich an allem zu erfreuen.

Ich bekam nichts von dem, was ich erbat ...
Und doch *alles*, was ich erhofft hatte.

Fast gegen mein Wollen fand unausgesprochenes Beten Erfüllung.
Unter allen Menschen bin ich sehr *reich* gesegnet.

„Am Kreuz wird es hell"

Das Kreuz – nur ein anderes Wort für Krankheit und Leid – gehört zum menschlichen Leben wie das Gesicht zum Kopf, die Kette zum Fahrrad, das Wasser zum Fisch oder das Farbband zur Schreibmaschine. Ohne Kreuz gibt es kein inneres Reifen, keine Erneuerung und keine Umkehr. Mit Recht sagt ein weises Wort: „Ohne Kreuz, ohne Leid, ohne Mühe und Anstrengung gibt es keinen wirklichen Fortschritt, keine innere Reform."

„Am Kreuz wird es hell", erzählt auch eine kleine Geschichte: Es war im Herbst in den bayerischen Bergen. Im Tal lag eine dichte Nebeldecke. Eine Gruppe von Urlaubern aber wollte sich mit diesem Grau in Grau nicht zufriedengeben. Sie

wollte doch etwas erleben von der Schönheit der Alpenwelt. So stiegen sie den Berg hinauf in der Hoffnung, dass doch bald die Sonne kommen und alles in ihrem goldenen Licht erstrahlen müsste.

Doch eine Viertelstunde, eine halbe Stunde, mehr als eine Stunde verging: Im dunklen Bergwald und um die grauen Felswände herum erschienen die Wolkennebel nur noch dichter. Schließlich kam ihnen ein Einheimischer von oben her entgegen. Sie fragten ihn: „Sagen Sie, nimmt denn der Nebel gar kein Ende? Sollen wir weitersteigen oder sollen wir umkehren?"

Der Einheimische antwortete: „Ihr müsst bis zum Kreuz hinauf, dort ist alles hell." Und so war es wirklich: Am Gipfelkreuz war der Nebel zu Ende, fast wie abgeschnitten. Eine strahlende Sonne leuchtete von einem herrlich blauen Himmel, und rings im Kreis grüßten Berggipfel, wie zum Greifen nahe.

In der Nacht der Finsternisse

In der Nacht der Finsternisse
erwarten wir das Leuchten.

In der Nacht der Finsternisse
erwarten wir, was nicht auf Erden ist.

In der Nacht der Finsternisse
erwarten wir, was die Liebe übersteigt.

In der Nacht der Finsternisse
erwarten wir die unbekannte Schönheit.

In der Nacht der Finsternisse
erwarten wir das Erbarmen.

In der Nacht der Finsternisse
erwarten wir einen Vater,
um uns zu retten vom Bösen,
das der Mensch in sich trägt.

In der Nacht der Finsternisse
erwarten wir einen Gott.

Gebet einer französischen Dichterin

Die Last der Palme

Ein Mann voller Neid, so erzählt eine afrikanische Geschichte, sah an einer Wasserstelle mitten in der Wüste Sahara eine junge Palme heranwachsen. Da er im Herzen böse war, konnte er diesen Anblick nicht ertragen.

So entschloss er sich, die Palme zu verderben. Er nahm einen schweren Stein und legte ihn mitten in die Krone des Baumes. „Dieser Stein wird dich erdrücken und verderben", grinste der Missgünstige.

Im ersten Wind, der aufkam, schüttelte sich der junge Baum. Aber es gelang ihm nicht, seine schwere Last abzuwerfen. Da entschloss sich die Palme, mit dieser Last zu leben. Sie grub ihre Wurzeln tiefer in die Erde und sog das Nass in sich auf. So wurde sie immer kräftiger und kräftiger. Ihre Blätter wurden groß, ihre Krone stark.

Nach Jahren kam der böse Mann zurück, um den verkrüppelten Baum zu sehen und sich über seine Leiden zu freuen. Aber er suchte vergebens. Die Palme, inzwischen zur größten und stärksten der ganzen Oase herangewachsen, sagte zu ihm: „Ich muss dir danken, deine Last hat mich stark gemacht."

Was für die Natur gilt, gilt auch für das menschliche Leben. Lasten sind nicht nur eine Belastung, sondern können auch ein großes Glück sein. Sie

vermögen uns die Augen zu öffnen und eine tiefere und klarere Sicht der Welt, der Dinge und der Menschen zu schenken.
Jemand sagte einmal: „Die kostbarsten Stunden meines Lebens waren diejenigen, in denen ich nicht mehr wusste, wo aus und wo ein!“

Danken – auch für schlaflose Nächte

In dem Brief einer alten Frau stehen folgende nachdenkenswerte Sätze:
„In meiner vierzigjährigen Invalidenzeit habe ich gelernt, dass es besser geht, wenn man danken kann, auch für schlaflose Nächte. Danken, dass Gott einem sehende Augen, hörende Ohren und ein weites Herz schenkte. Man ist nie allein. Überall gibt es Menschen, die Kreuzträger sind. Jetzt höre ich früh um halb 6 Uhr die Amseln singen. Abends ist es ein Danklied. Immer hatte ich Kraft im Glauben an Gott. Ich liege seit anderthalb Jahren im Bett. Im Herbst komme ich ins Pflegeheim. Ich freue mich darauf, so wird meinem Mann die Arbeit leichter werden. Ich habe einen Spruch, nach dem ich mich ausrichte: ‚Kränkt dich in tiefer Brust das harte Wort: du musst, so denke still das stolze Wort: ich will!‘“

Man muss diesem Brief nichts hinzufügen. Hier zeigt uns eine alte Frau, wie tapfere Selbsthilfe, zusammen mit großem Gottvertrauen, das schwere Leid buchstäblich erträglich machen. Wir freuen uns, dass diese Frau ihren Weg gefunden hat.

Worte zum Nachdenken

Wer krank ist, hat viel Zeit zum Nachdenken. Man denkt vielleicht an früher, als man noch über Gräben springen konnte und kein Weg zu weit war. Es fallen einem Menschen ein, die gar nicht mehr leben. Man denkt über die gegenwärtige Situation nach, über die eigene Krankheit, über Angehörige, über Schwestern und Ärzte, über andere Kranke. Es gibt viel zu denken, auch über Zukünftiges, wie es mit der Welt wohl weitergeht – und auch mit mir.
Viele kranke Menschen denken auch gern über gute und hilfreiche Worte nach. Man kann sie immer wieder zur Hand nehmen und sich von ihnen ansprechen lassen. Solche Worte, in vielen Jahren im Umgang mit Menschen gewachsen, sind gleichsam wie eine „Herberge“, in der man rasten kann, wie „Quellwasser“, das unser Leben erfrischen kann.

Hier einige Vorschläge:
Dass das Kreuz, das uns auferlegt ist, nicht zu schwer ist, merkt man erst im Nachhinein, wenn alles vorbei ist. – Nicht das ist entscheidend, was ein Mensch *tut*, sondern was er *ist*. – Unsere leeren Hände sind unser Glück, denn nur leere Hände, nicht Fäuste, kann man füllen. – Die Reife eines Menschen zeigt sich darin, dass er mit ungelösten Problemen und nicht beantworteten Fragen leben kann, ohne bitter oder gar verbittert zu werden. – Wer sich gegen alles und alle abschirmt, verfehlt sein Leben. Auf einem betonierten Acker kann kein Weizen wachsen. – Wunden kann man nur heilen, wenn man sie bloß legt. – Es kommt nicht darauf an, ob ich alles recht gemacht *habe*, sondern ob ich es habe recht machen *wollen*.

Kraft aus der Bibel

Viele Menschen hat es in der Krankheit geholfen, dass sie zur Bibel gegriffen haben. In der Bibel stehen viele kostbare und wertvolle Sätze, die einem Mut machen und Trost schenken können. Wer zum Beispiel in den Evangelien des Neuen Testaments liest, kann wahrhaft reiche Schätze entdecken.

Oft reicht schon ein einziger Satz, an dem man sich festhalten kann. Eine 96 Jahre alte, an Multiple Sklerose erkrankte Frau zum Beispiel hatte sich von einem Satz Jesu ansprechen lassen: „Seid gewiss: Ich bin bei euch alle Tage bis zum Ende der Welt“ (Mt 28,20). Dieser Satz gab ihrem Leben Sinn, Ziel und Inhalt. Von diesem Satz lebte und zehrte sie.

Hilfreich ist auch, einmal die Heilungen nachzulesen, die Kranke durch Jesus erfahren durften. „Er zog in ganz Galiläa umher“, heißt es im Matthäusevangelium, „lehrte in den Synagogen, verkündete das Evangelium vom Reich und heilte im Volk alle Krankheiten und Leiden. Und sein Ruf verbreitete sich in ganz Syrien. Man brachte Kranke mit den verschiedensten Gebrechen und Leiden zu ihm ..., und er heilte sie alle“ (Mt 4,23–24).

Besonders in Erinnerung ist mir jene – schon zwölf Jahre an Blutungen leidende Frau, die sich

von hinten an Jesus herandrängte und sich sagte: „Wenn ich auch nur sein Gewand berühre, werde ich geheilt“ (Mk 5,28).
Dann berührte sie sein Gewand, und Jesus sagte zu ihr: „Meine Tochter, dein Glaube hat dir geholfen. Geh in Frieden! Du sollst von deinem Leiden geheilt sein“ (Mk 5,34).

Warum gerade ich?

Immer wieder stellen Kranke die Frage: „Warum trifft ausgerechnet mich diese Krankheit? Wie kann Gott zulassen, dass mir dieses Leid zustößt? Womit habe ich das verdient? Wofür werde ich bestraft?“ Wer so fragt, muss wissen, dass Menschen durch alle Jahrtausende hindurch so gefragt haben.
Die Frage nach dem Sinn unverschuldeten Leidens ist „uralt“. Schon der alttestamentliche Prophet Ijob hat sie gestellt. So fragt heute jeder Mensch, der leidet, oder jemand, der einem Leidenden nahesteht. Und die Antwort ist immer die Gleiche: Wir wissen es nicht. Die letzte Antwort muss im Dunkeln bleiben.
Gott hat uns nicht alle Fragen beantwortet. Er hat uns nicht alles enthüllt, woran wir vielleicht Jahre und Jahrzehnte lang schmerzlich tragen. Es

bleibt ein Rest, den wir nicht erklären können. Wenn wir einmal zu Gott kommen, können wir ihn vielleicht danach fragen.
Ein erfahrener Seelsorger hat einmal gesagt, es helfe nichts, das Leiden zu *verstehen*. Das Leiden sei vielmehr eine Bewährungsaufgabe, die allein durch ein Leben aus dem Glauben zu *bestehen* sei. Mit anderen Worten: Der Mensch muss den Weg des Leidens gehen, im Vertrauen darauf, dass Gott diesen Weg mit ihm geht.
Der französische Dichter Paul Claudel (1868–1955) versichert uns: „Gott ist nicht gekommen, das Leid zu beseitigen, er ist nicht gekommen, es zu erklären, sondern er ist gekommen, es mit seiner Gegenwart zu erfüllen."
Vertrauen wir darauf: Gott geht mit denen, die leiden, durch die Finsternis des Lebens!

Die fehlende Spur

Eines Nachts hatte ein Mann einen Traum. Er träumte, er würde mit Christus am Strand entlangspazieren. Am Himmel über ihnen erschienen Szenen aus seinem Leben. In jeder Szene bemerkte er zwei Paar Fußabdrücke im Sand, eines gehörte ihm, das andere dem Herrn.
Als die letzte Szene vor ihm erschien, schaute

er zurück zu den Fußabdrücken und bemerkte, dass sehr oft auf dem Weg nur *ein* Paar Fußabdrücke im Sand zu sehen war. Er stellte ebenfalls fest, dass dies gerade während der Zeiten war, in denen es ihm am schlechtesten ging.
Dies wunderte ihn natürlich, und er fragte den Herrn: „Herr, du sagtest mir einst, dass ich mich entscheiden sollte, dir nachzufolgen; du würdest jeden Weg mit mir gehen. Aber ich stellte fest, dass während der beschwerlichen Zeiten meines Lebens nur *ein* Paar Fußabdrücke zu sehen ist. Ich verstehe nicht, warum! Wenn ich dich am meisten brauchte, hast du mich allein gelassen."
Der Herr antwortete: „Mein lieber, lieber Freund, ich mag dich so sehr, dass ich dich niemals verlassen würde. Während der Zeiten, wo es dir am schlechtesten ging, wo du auf Proben gestellt wurdest und gelitten hast – dort, wo du nur *ein* Paar Fußabdrücke siehst –, es waren die Zeiten, wo ich dich getragen habe."
Diese alte Parabel zeigt sehr schön: Gott ist bei uns, auch und gerade dann, wenn wir seine Hilfe am nötigsten haben. „Du umschließt mich von allen Seiten und legst deine Hand auf mich", heißt es im 139. Psalm.

Der kranke Philosoph

Als der Philosoph Peter Wust (1884–1940) während des Zweiten Weltkrieges einen Freund besuchte, wurden die beiden von einem Fliegerangriff überrascht. Der Freund des Professors drängte den kranken Philosophen, schnell einen Luftschutzkeller aufzusuchen.
Wust lehnte energisch ab. Auf ein Zettelchen schrieb der Philosoph, der wegen eines Zungenkrebses nicht mehr sprechen konnte, die Worte: „Keine Sorge, lieber Freund! Ich befinde mich in absoluter Sicherheit!"
Wie viel tröstliche Zuversicht und Hoffnung, Ruhe und Gelassenheit sprechen aus diesen Worten! Diese Haltung können nur jene ausstrahlen, die sich ganz an Gott gebunden und sich in seinen Armen absolut geborgen und sicher wissen.
Was den Menschen im Leben letztlich hält, ist ein unbeirrbares Gottvertrauen. Gott lässt einen oft lange „hängen", aber niemals „fallen". Für ihn gibt es keine hoffnungslosen Fälle.

Von Gott getragen

Er ist eine alte Erfahrung: Wer krank ist, findet eher zu Gott als jemand, der gesund ist. Viele Kranke haben gerade in schweren Zeiten erleben dürfen, wie Gottes Gnade sie trägt. Schon Philipp Neri (1515–1595), der italienische Volksmissionar wusste: „Gibt uns Gott nicht das, was wir wollen, so gibt er uns etwas Besseres dafür: seine Nähe."

In seinem Roman „Krebsstation" schildert der russische Schriftsteller Alexander Solschenizyn das Schicksal von Patienten, denen plötzlich zum Bewusstsein kommt, dass sie von einer unheilbaren Krankheit gezeichnet sind. Vor seiner Operation sagt einer dieser Schwerkranken: „Manchmal fühle ich es ganz deutlich, dass in mir mehr ist als ein bloßes Ich, nämlich etwas Unzerstörbares, Erhabenes."

Unvergesslich bleiben mir die Worte eines 70-jährigen Kranken, der sagte: „Seit meiner Kindheit habe ich mich nie mehr so intensiv mit Gott beschäftigt. Ich hatte ja auch sonst kaum Zeit dazu oder habe mir auch eingebildet, es ginge auch so. Und dann war plötzlich alles anders ... Ich habe wieder beten gelernt."

Viele Menschen finden in Zeiten der Krankheit wieder zum Gebet. Dabei geht es nicht darum, dass wir Gott wohlgeformte Texte anbieten.

Wichtig ist vielmehr, dass wir ihm unser Herz hinhalten und ihm unser Vertrauen schenken. Georges Bernanos (1888–1948), der französische Schriftsteller, hat vor langer Zeit den tröstenden Satz geschrieben: „Allein der Wunsch zu beten, ist bereits Gebet."

Gebet eines Kranken

Wer für ein längeres Gebet Zeit, Kraft und Muße hat, darf zu einem Gebet greifen, das von einem Kranken aus Obervolta in Afrika stammt. Dieser Mann liegt krank und hilflos am Boden und bittet Gott um Kraft und Zuversicht. Ich habe selten ein so gelungenes Gebet gefunden:

„Herr, unser Gott, du bist das Leben,
du bist schön, stark und mächtig
wie die Sonne, die über allem leuchtet.

Herr, du hast mich nach deinem Bild
erschaffen.
Ich war glücklich und stolz, zu sein wie du.
Ich konnte mich bewegen, arbeiten,
meine Familie glücklich machen.

Jetzt bin ich krank, liege auf meiner Matte.
Nichts kann ich tun –
bin andern zur Last geworden.

Wie ein Verdurstender nach Wasser verlangt,
so sehne ich mich nach Gesundheit.
Vater, höre meinen Ruf und heile mich!

Aber deine Gedanken sind nicht die unsrigen,
so wie der Himmel nicht die Erde ist.
Auch Krankheit kann Geschenk sein,
kann mir helfen und nützlich werden.

Hilf mir, Herr, deine Wege zu erkennen, sorgfältig nachzudenken, stark zu werden, wenn der Leib auch schwach ist, heil zu werden, selbst wenn es dunkelt um mich!

Vor allem gibt mir die Kraft,
in deiner Gnade zu leben!"

„Herr, sieh mich an"

Viele Kranke klagen: Als ich gesund war, wollte ich nicht beten. Ich brauchte das Gebet nicht. Zudem hatte ich als Gesunder keine Zeit zum Beten. Jetzt habe ich Zeit zum Beten, viel Zeit, zuviel Zeit; aber jetzt kann ich nicht beten! Meine Seele ist stumm, gleicht einem „öden, verlassenen Haus" (Heinrich Seuse).

Der Kranke geht oft durch die wüsteste Wüste, ist erschöpft. Da ist nichts mehr, das ihm „schmeckt", weder das Essen noch das Leben, noch das Beten.

Trotzdem ist zu raten, wenigstens Gebetsversuche zu machen. Gott verlangt vom Kranken keine geschickt formulierten Schilderungen, wie es in ihm aussieht. Der Kranke ist in seinem Elend sowieso nicht geschwätzig. Je nach Verfassung kann er beten:

Herr, sieh mich an! Es genügt mir, dass du alles weißt.
Oder: Lass mich nicht allein!
Oder: Bleibe bei mir!
Oder: Dein Wille geschehe!
Oder: Lass mich nicht verzweifeln!
Oder: Schick mir irgendeinen rettenden Engel! Du hast selbst einen rettenden Engel im Garten Getsemani erfahren ...
Oder: Herr, ich weiß nicht ein noch aus. Sei mir gnädig und hilf mir doch!
Oder: Ich gebe mein Leben in deine Hand ...
Oder: In deinen Armen bin ich sicher. Wenn du mich hältst, habe ich nichts zu fürchten.

Plötzlich siehst du alles anders

Ein großer spanischer Schriftsteller, Lope de Vega, lag auf dem Sterbebett. Sein Leben zog wie ein Film an ihm vorüber: Er hatte viel Erfolg gehabt und wurde sein Leben lang mit Beifall überschüttet. Mit mehr als tausend Theaterstücken hatte er die Menschen begeistert. Er hatte nur für den Erfolg gelebt – sollte er am Ende eines so erfolgreichen Lebens nicht zufrieden sein?
Als seine letzte Stunde nahte, sah er die Dinge plötzlich anders. Aber der Arzt, der ihn pflegte,

sagte bewundernd zu ihm: „Sie können glücklich sterben. Die Welt wird Sie nicht vergessen. Sie werden als Großer in die Geschichte eintreten." „Herr Doktor", sagte der Sterbende, „ich sehe es jetzt ein: Vor Gott ist nur der groß, der ein *gutes Herz* hat. Wie gerne würde ich jetzt allen Beifall meines ganzen Lebens hergeben, wenn ich dafür nur eine einzige gute Tat mehr tun könnte."

Sechs Ratschläge

Zum Schluss noch ein paar Ratschläge für alle Kranken, die wieder gesund werden möchten.

Drücken Sie nichts in sich hinein! Viele Probleme können nur gelöst werden, wenn man sie *aus*spricht und damit aus sich *hinaus*spricht.

Stellen Sie sich keine Termine! – Was in Jahren gewachsen ist, lässt sich nicht in wenigen Tagen oder Wochen aus der Welt schaffen.

Machen Sie sich frei vom „Erfolgsdenken"! – Das Leben hat seinen Sinn nicht nur bei Glanzleistung, sondern auch bei Fehlleistung, nicht nur bei Leistungssteigerung, sondern auch bei Leistungsabfall.

Klagen Sie, wenn Sie in Not sind! – Es sollte nicht als mannhaft, tapfer und diszipliniert gelten, die Klage zu unterdrücken. Man muss sich seiner Not „stellen".

Vergleichen Sie sich nicht ständig mit anderen! – Das bringt nur Ärger. Auch Ihnen ist vieles geschenkt. Sie müssen es nur entdecken.

Stehen Sie zu Ihren Schwächen! – Wer es sich verbietet, schwach zu sein, geht grausam mit sich selbst um. Er verbietet sich ein Stück Menschlichkeit und damit ein Stück Leben.

„Ich fürchte kein Unheil"

Gott liebt uns nicht,
weil wir so wertvoll sind,
sondern wir sind so wertvoll,
weil Gott uns liebt.

Helmut Thielicke

Ich halte die Hände
und bete ins Dunkel,
dass es zerreißt.

Jürgen Moltmann

Wenn du einmal recht mutlos
und niedergeschlagen bist,
dann denke an Jona.
Er kam sogar aus dem Bauch
des Walfisches heraus.

Franz von Sales

Muss ich auch wandern
in finsterer Schlucht,
ich fürchte kein Unheil;
denn du bist bei mir,
dein Stück und dein Stab
geben mir Zuversicht.

Psalm 23,4

Besuche am Krankenbett

Paul Gindele

Die nachfolgenden Texte erschienen in den vergangenen fünfzehn Jahren als „Gruß an die Kranken“ im Katholischen Sonntagsblatt, Kirchenzeitung für die Diözese Rottenburg-Stuttgart.

„Ich wünsche dir die nötige Zeit“

„Ich danke Ihnen ganz herzlich, dass Sie mir so viel Zeit geschenkt haben“, sagte kürzlich ein Patient zu mir, als ich mich von ihm verabschiedete. Ich hatte ihm fast eine Stunde lang zugehört, wie er mir sein ganzes Leben schilderte; es war eine Lebensbeichte. Er fügte noch hinzu: „Jetzt kann es wieder weitergehen, wie es will; ich bin frei.“

Es war ein gutes Gespräch. Das ist nicht immer so. Der Zeitdruck in Krankenhäusern hindert das Personal oft daran, sich intensiver auf die Patienten einzulassen. Dabei weiß im Prinzip jede und jeder, wie wichtig der seelische, menschliche Aspekt für die Therapie ist. Oft hilft ein liebes Wort mehr als manche Spritze oder Untersu-

chung. Ich habe mir schon längst angewöhnt, bei jedem Patienten so lange zu verweilen, bis ich spüre, dass alles besprochen ist, was ihn gegenwärtig umtreibt und belastet.

Ich denke, wir vertun oft viel Zeit mit sinnlosem Geschwätz, anstatt uns auf den wesentlichen Austausch zu konzentrieren. Was ist die Folge? Anstatt Licht auszustrahlen, werfen wir unseren Schatten vor uns her, weil wir die Laterne auf dem Rücken tragen. Das hilft niemandem. Das unselige Wort „Zeit ist Geld" hat zwar seinen wahren Kern; die Zeit ist aber zugleich eine kostbare Münze, die wir anderen schuldig sind. Ein Gastronom soll einmal seinem Dienstpersonal

immer wieder eingehämmert haben: „Höflichkeit ist das billigste, aber auch das einfachste Gut, wodurch unser Gast beglückt werden kann."
Woher stammen dann die vielen Aggressionen, die sich bisweilen entladen? Ich meine, weil es keine „Abflussventile", keine großen Herzen gibt, die Gelassenheit verströmen und mit der Zeit nicht geizen. Ein Blick auf das Zifferblatt unserer Armbanduhr wird fast immer als Beleidigung empfunden, und mit Recht! Bei einem kranken Menschen ist diese Geste zudem verletzend. Wir sind leider daran gewöhnt, unser Leben zu programmieren wie eine Maschine, bei der man vorher weiß, was schließlich herauskommt. Wichtiger wäre es, sich im Hier und Jetzt aufzuhalten mit all den Herausforderungen, die darin liegen. Im Übrigen sollten wir uns alle mehr Zeit nehmen für unseren Herrgott. Es wäre kein guter Stil, wenn man nur in Zeiten der Not und Bedrängnis den Weg zu ihm findet, ihn aber in Zeiten der Gesundheit und des Wohlstandes nicht mehr kennt. Aus einem Gedicht von Elli Michler möchte ich Ihnen daher folgenden Wunsch mit auf den Weg geben: „Ich wünsche dir Zeit, nach den Sternen zu greifen, und Zeit, um zu wachsen, das heißt um zu reifen. Ich wünsche dir Zeit, neu zu hoffen, zu lieben. Es hat keinen Sinn, diese Zeit zu verschieben."

Sind wir auf dem richtigen Weg?

In jedem Zimmer unseres Krankenhauses findet der Patient eine kleine Broschüre, aus der er alles Wissenswerte für den Aufenthalt im Krankenhaus erfährt. Es lohnt sich, darin zu lesen, weil auf diese Weise manche Unsicherheit entfällt und der Patient dadurch Klarheit hat. Auf Anfrage gebe ich meinerseits da und dort manche Hinweise aus meiner langjährigen Erfahrung im Krankenhaus. Zudem sind die vielen Hinweisschilder im Haus eine gute Unterstützung zur notwendigen Orientierung. Allerdings: Man muss sie auch beachten!

Wegweisungen sind für uns alle unverzichtbar. Sie ersparen uns unnötige Irrwege, erleichtern uns die Wege durchs Leben. Sie stellen uns aber auch jeweils vor Entscheidungen, so oder anders zu handeln. Auf Ihrem bisherigen Lebensweg mussten Sie gewiss schon so manche wegweisende Entscheidung treffen – etwa für einen bestimmten beruflichen Werdegang oder bei der Suche nach einem Partner fürs Leben. Auch wenn Sie sich für oder gegen eine Operation entscheiden mussten, brauchten Sie sicherlich eine kompetente und vertrauensvolle Beratung.

Im Moment kann es sein, dass Entscheidungen anstehen, bei denen es um Ihre künftige Gesundheit geht. Machen Sie sich diese Entscheidungen

nicht leicht, achten Sie auf einschlägige Beratung, damit Sie nicht wieder auf die Nase fallen.
Immer sind wir in je neue Entscheidungssituationen gestellt, aus denen heraus sich entwickelt, ob unser Weg zum Guten führt oder misslingt. Von großer Bedeutung scheint mir zu sein, dass wir die Wegweisung zum richtigen Zeitpunkt treffen. Es sollte nie zu spät geschehen. Wer zum Beispiel in den falschen Zug eingestiegen ist, dem hilft es dann wenig, im Gang in die richtige Richtung zu gehen. Eine chinesische Weisheit sagt: „Man kann auf dem richtigen Weg sein, doch nicht der richtige Mann (oder die richtige Frau) für den Weg."
Beachten wir auch, dass ein Wegweiser uns zwar den richtigen Weg zeigt, er geht aber nicht mit.
Die Krankheit, unter der Sie im Augenblick leiden, könnte zu einer solchen Wegweisung werden, die Ihnen den künftigen Lebensweg erleichtert. Für diesen Weg möchte ich Ihnen gerne einen irischen Segenswunsch an die Hand geben: „Möge dein Weg dir stets entgegenkommen, der Wind dir stets im Rücken sein. Möge die Sonne dein Gesicht erwärmen, der Regen sanft auf deine Felder niedergehen und, bis wir uns wieder sehen, halte dich Gott in seiner Hand."

Zu uns selbst finden wir aus der Stille

Nicht immer sind alle Zimmer in unserem Krankenhaus voll belegt. Besonders während der Sommerzeit kann es vorkommen, dass ich nur einen einzigen Patienten im Raum antreffe. Im Laufe des Gesprächs fragte ich schon des Öfteren, ob das Alleinsein erträglich sei. Meist erhalte ich die Antwort: „Mir wäre es lieber, Herr Pfarrer, wenn ich jemanden zum Reden hätte, mit ihm plaudern und meine Sorgen besprechen könnte; diese Ruhe ist schwer zu ertragen."

Ich höre aber auch andere Ansichten: „Gott sei Dank, dass ich allein sein darf. Jetzt habe ich endlich Zeit für mich. Ich kann besser beten und mich neu orientieren, es tut mir gut!"

Seien wir ehrlich: Der ununterbrochene Lärmpegel des Alltags, dem wir alle mehr oder weniger ausgesetzt sind, hindert uns sehr, innerlich zur Ruhe zu kommen. Da wird es umso schwerer, eine – durch Krankheit erzwungene – Stille hinzunehmen! Ich empfehle Ihnen: Wenn Sie das Gefühl haben, diese Stille nicht aushalten zu können, versuchen Sie, sie neu einzuüben. Es tut gut, wieder stiller werden zu können, das Schweigen neu zu erlernen und so das leere Geschwätz um uns herum zurückzudrängen. Nur aus einem

Raum der Stille heraus finden wir zu uns selbst.
Ich empfinde es immer wieder neu als angenehm und hilfreich, wenn ich nach einem ausgedehnten und gesprächsintensiven Abend nach Hause komme und noch eine Weile still werden kann, um dieses oder jenes nochmals zu überdenken. Auch nach so mancher intensiver Begegnung mit Krankengeschichten, die mich beeindruckten, lasse ich gerne in Ruhe das Erzählte noch einmal Revue passieren. Das hilft mir ungemein, das Gehörte besser zu verarbeiten.
Die Erfahrung der Stille bietet große Chancen. Stille bringt Gelassenheit mit sich, damit wir Wichtiges von Unwichtigem besser unterscheiden können. Sie kann zu einem leeren Gefäß werden, in die hinein ganz Wichtiges aufzunehmen möglich wird. Am Ende mag sie sich gar mit Gottes Gegenwart füllen.
Unternehmen Sie den Versuch, wenigstens einige Minuten total still zu werden. Sie werden Über-

raschungen erleben können. Vielleicht sind Sie auch deshalb momentan so krank, weil Ihnen die Stille und Ruhe abhandengekommen sind. Die Erinnerungen an die Wochen meiner eigenen Krankheiten bestätigen dies. Sie waren niemals umsonst oder gar verlorene Zeit.
Im Gotteslob (Nr. 10,3) finden Sie ein gutes Gebet. Es heißt darin: „Vater im Himmel, hilf mir, dass ich zur Ruhe komme und erkenne, dass du es so willst. Vielleicht ist diese Zeit ganz heilsam für mich. Ich kann mich wieder auf mich besinnen und fragen, was du mit mir vorhast. Zeig mir auch den Unfrieden meines eigenen Herzens und hilf mir, ihn zu überwinden."

Sind Sie zufrieden?

Bei fast jedem meiner Krankenbesuche kommt die Frage auf, ob der/die Patient/in zufrieden sein kann, etwa mit dem Fortschritt der Genesung, mit dem Pflegepersonal oder gar mit dem Speiseplan. Nicht selten redet der/die Patient/in selbst darüber und drückt Zufriedenheit aus. Was mich dann oft erstaunt, ist die Tatsache, dass die äußeren Umstände dieser Patienten aufs Erste eigentlich gar nicht dafür sprechen. Es muss also doch noch andere Gründe für diese Zufriedenheit geben.

Vor Kurzem besuchte ich wieder eine Patientin, die schon sehr lange im Krankenhaus ist, weil sich ihr Heilungsprozess wegen einer Zuckerkrankheit endlos dahinzieht. Sie hätte also wirklich allen Grund zum Jammern ob dieser „ewigen" Warterei. Plötzlich sagte sie zu mir: „Herr Pfarrer, ich bin ganz sicher, dass der es gut mit mir meint; ich will nicht klagen." Ihr Bett liegt direkt gegenüber dem Kreuz, auf das sie dauernd schauen kann. Ich war sehr beeindruckt ob dieser enormen Aussage, bestärkte sie dabei und lobte sie dafür.

Ich weiß nicht, in welcher Situation Sie, liebe Kranke, im Moment sich befinden; ob Sie auch genügend Grund hätten zum Zagen, zum Schimpfen, zur Ungeduld. Eines jedoch kann ich Ihnen versichern: Je mehr Sie den inneren Frieden in sich tragen, je mehr Gelassenheit und Glaube in Ihnen wächst, desto zufriedener werden Sie sein.

Das Wort ZU-FRIEDEN-HEIT selbst zeigt die Lösung: Je mehr Sie mit sich selbst im Frieden leben, sich so annehmen, wie Gott Sie geschaffen hat (mit all Ihren Schwächen und Stärken!), umso besser finden Sie sich mit allem zurecht, nicht nur jetzt in Ihrer Krankheit, sondern überhaupt im Leben. Ich höre oft Patienten sagen: „Ich bin so froh, dass ich aufsitzen kann, dass ich wieder selbst telefonieren darf, dass heute Morgen der Schlauch wegkam, dass ich meinen großen Zehen wieder bewegen kann ..." Vielleicht wird es für Sie noch leichter werden, wenn Sie sich mit dem Los Ihres Nachbarn/Ihrer Nachbarin vergleichen und dabei spüren, wie gut es Ihnen doch geht.

Und schließlich gibt es da noch die Aussprache mit unserem Herrgott. Sagen Sie IHM doch alles ungeschminkt, bitten Sie IHN um Seine Kraft!

Ich verrate Ihnen noch schnell mein eigenes Rezept: Jeden Tag verlasse ich nach meinen Besuchen das Krankenhaus mit allergrößter Dankbarkeit, weil ich wieder Elend sah und so manchen wieder helfen konnte. Da sage ich meinem Herrgott, wie zufrieden ich doch für alles sein darf.

Zeit der Krisen – Zeit der Chancen

Gespräche am Krankenbett kreisen immer um ein unleidiges Thema, wenn der Patient sagt: „Es brach alles so plötzlich über mich herein; damit hatte ich zuallerletzt gerechnet." Manchmal kommt noch die Aussage hinzu: „Ich finde auf all das Pech keinen Reim." Ich rate meist, sich möglichst mit vielerlei Aspekten auseinanderzusetzen und ohne Tabus in das eigene Leben hineinzuhorchen. So entsteht eine echte, eine wahrheitsgetreue Analyse. Nur sie allein führt dann auch zu einer hilfreichen Therapie. Oft fällt in diesem Zusammenhang das Wort Stress. Gemeint sind Belastungen, die im Alltag fortwährend quälen. Das können Überforderungen im Berufsleben oder in der Familie sein. Gelegentlich ist es die nervende Nachbarschaft mit ihren fortdauernden Querelen. Als belastend kann aber auch die ständige Nichtbeachtung eines Ehrenamtlichen in der Gemeinde empfunden werden. So etwas tut weh und wirkt lähmend.

Manches ist auch „selbst gestrickter" Stress: Manche können einfach nichts liegen lassen, können sich nicht aus zementierten Strukturen lösen. Ganz schlimm ist es, wenn jemand meint, unersetzlich zu sein. Spätestens im Krankenbett muss man dann schmerzlich erfahren, dass das nicht stimmt.

Manche Menschen spüren unter dem Eindruck steigender Belastung durchaus, dass sie etwas verändern sollten, aber sie tun es nicht. Gelegentlich nimmt dann der Körper die Entscheidung selbst in die Hand, die uns der Verstand verweigert; er streikt einfach – und man ist krank.

Spätestens jetzt gilt es, die richtigen Konsequenzen zu ziehen, damit unser Körper an Leib und Seele wieder heil wird. Die Krankheit kann dabei helfen. Die Zeit, die wir dadurch gewonnen haben, sollten wir nützen, um die richtige Antwort auf unsere Krankheit zu finden und neu zu beginnen. Wir dürfen bei der Entlassung aus dem Krankenhaus nicht wieder zur Tagesordnung übergehen und so tun, als ob nichts gewesen wäre. Es hängt nicht allein vom ärztlichen Befund ab, sondern von uns selbst! Krisen sind Chancen. Sie zu ergreifen, ist die Herausforderung eines jeden Lebens.
Vielleicht kann auf dem Weg zur richtigen Entscheidung dem ein oder anderen Wilhelm Busch mit diesem ironischen Verschen helfen:
„Wirklich, er war unentbehrlich! / Überall, wo was geschah / zu dem Wohle der Gemeinde, / war er tätig, war er da.
Schützenfest, Kasinobälle, Pferderennen, Preisgericht, / Liedertafel, Spritzenprobe, ohne ihn, da ging es nicht. / Ohne ihn war nichts zu machen, / keine Stunde hatt' er frei. / Gestern, als sie ihn begruben, / war er richtig auch dabei."

„Dass unser Leben mehr werde..."

Manchmal liegen Kranke über einen längeren Zeitraum in der Klinik. Dann ist es für mich nicht leicht, zusehen zu müssen, wenn sie Schritt für Schritt sichtbar abbauen und ihre Kräfte immer weniger werden. Die meisten spüren selbst ihren Zustand, sie reden darüber, dass sie damit nur schwer zurechtkommen. Sie sagen: „Damals konnte ich das noch."

Auch mich haben solche Gedanken in schlaflosen Nächten während eigener Krankenhausaufenthalte geplagt. Und Sie? Haben Sie auch schon solche Erfahrungen hinter sich? Wenn ja, dann sollten wir uns darüber unterhalten: Dass unsere Kräfte irgendwann schwinden, war uns immer schon bewusst. Aber wir verdrängten solche Gedanken gerne. Dennoch brauchen wir keinen Schock zu erleiden, wenn es nun irgendwo doch „zu klemmen" beginnt. Zumindest könnte ein Quäntchen Dankbarkeit mitschwingen, dass uns bis zu diesem Zeitpunkt so vieles noch gelungen ist. Der Philosoph Immanuel Kant hat einmal gesagt: „Man ist ja nicht reich durch das, was man *besitzt*, sondern mehr noch durch das, was man mit Würde zu *entbehren* weiß."

Und wenn dann unsere Gesundheit spürbar schwindet und wir von der Kraft Abschied nehmen müssen, dann gilt, dass krankes und schwächer werdendes Leben nicht weniger Leben ist, sondern nur anderes Leben. Sich in diese Tatsache zu schicken, ist unerlässliche Voraussetzung dafür, dennoch ein glücklicher Mensch zu sein. Warum gegen Unabänderliches Sturm laufen? Da scheint es schon besser, sich täglich in Beschränkungen einzuüben, zum Beispiel sich von Plänen, Hoffnungen und Erwartungen, die nicht mehr realistisch sind, zu trennen. Ohne eine solche Haltung gelingt kein erfülltes Leben. Selbst wenn es kein pulsierendes und aufregendes Leben mehr ist, so ist es doch Leben, vielleicht weniger, aber doch nicht weniger intensiv. Ich meine: Die hohen Berge und die alten Menschen sind dem Himmel am nächsten!

In einem Fastenkalender las ich folgende Worte über unsere Sehnsüchte:

„Herr, dass unser Leben mehr werde als ein hektischer Ablauf von Stunden, Tagen, Jahren, danach sehnen wir uns: nach Sinn und Erfülltsein. Dass unser Leben mehr werde als ein ungeordneter Haufen von Gedanken, Begierden und Erwartungen, danach sehnen wir uns: nach Sinn und Ziel. Dass unser Leben mehr werde als eine zufällige Reihe von Handlungen, Taten, Werken und Leiden, danach sehnen wir uns: nach Gelingen und Sinn. Dass unser Leben mehr werde, danach sehnen wir uns: nach Liebe.“

Ärgern? Lohnt sich nicht!

Unsere Patienten vertreiben sich ihre Zeit mit vielfältigen Beschäftigungen. Sie lösen Kreuzworträtsel, schmökern in Büchern oder sehen fern. Kürzlich traf ich zwei beim „Mensch, ärgere dich nicht!"-Spiel. Sie hatten großen Spaß dabei.

Aus meiner Jugendzeit habe ich freilich nicht immer die besten Erinnerungen daran. Dem Namen dies Spiels wurde ich des Öfteren nicht gerecht. Die Spielidee ist haargenau dem wirklichen „Spiel des Lebens" abgeschaut. Letztendlich will es dieses Spiel spielend erleichtern.

Schauen wir mal genauer hin: Unser Ärger – auch über eine Krankheit – rührt ja hauptsächlich vom Kontakt zu unseren Mitmenschen her. Entweder fällt der Würfel mal so, dass wir Mitmenschen überholen, dann wieder so, dass wir hinter ihnen zurückbleiben. Ganz übel wird es, wenn einer unseretwegen noch mal ganz von vorne anfangen muss. Noch schlimmer, wenn wir es sind, welche dieses Los trifft.

Früher habe ich schon mal wutentbrannt die Würfel auf den Tisch geknallt, wenn das Spiel nicht nach meinem Kopf ging. Auch im Spiel des Lebens gibt es oft Anlass zum Zorn.

Doch auf Dauer ist eine solche Verhaltensweise wenig konstruktiv. Es gibt zwei Möglichkeiten:

Entweder man ärgert sich dauernd grün und blau – Nebenwirkung: Magengeschwür und zerrüttete Nerven – oder man fängt an, sich zu bescheiden. Mit letzterer Methode kommt man besser über das Spielbrett des Lebens.
Was aber, wenn etwa der Bettnachbar die ganze Nacht über schnarcht? Oder wenn er durch pausenloses Nachfragen alles, aber auch wirklich alles, über einen wissen will? Dann hilft nur noch Gelassenheit des Herzens. Von Peter Lippert stammt der Satz: „Wir können nicht warten, bis wir alle unsere Feinde erschlagen haben!"
Was also tun? Am besten wir beginnen damit, unsere allzu hohe Selbsteinschätzung abzubauen. Ein gelassener Mensch beschäftigt sich weniger mit sich selbst; er ist selbstlos und wirkt auf seine Umwelt, die ihn „auf die Palme" bringt – durch Güte. Er setzt die anderen an die Stelle seines Ichs und verfährt mit ihnen auf jene Art und Weise, wie er selbst behandelt werden will. Ein Kriminalpsychologe sagte einmal: „Das Wichtigste ist die Geduld, dieser Schlüssel jeden Erfolgs."
Versuchen wir also miteinander, das Lebensspiel „Mensch, ärgere dich nicht" immer wieder neu einzuüben. Dann werden wir immer mehr gern gesehene Partner am Spieltisch sein, auch wenn wir auf dem Spielfeld weit zurückliegen. In diesem Spiel haben nämlich auch die Nachzügler ihre Chancen, und nicht die schlechtesten!

Mit geballter Faust geht wenig voran

Wenn ich Patienten auf dem Krankenhausflur begegne, erspüre ich ziemlich schnell an seiner oder ihrer Haltung, wie es dem betreffenden Menschen innerlich zumute ist. Manche gehen aufrecht und strahlen Zuversicht aus – vielleicht schreitet ihre Heilung zügig voran, vielleicht steht ihre Entlassung aus der Klinik bevor.
Andere gehen ganz gebückt dahin. Möglicherweise drückt sie ihr augenblicklicher Zustand nieder und bereitet ihnen große Sorgen. Unbewusst dringt ihre Seelenlage nach außen. Das macht deutlich: Leib und Seele lassen sich nicht trennen.
Wenn ich die Besorgten dann spontan anspreche, mich nach ihrem Empfinden erkundige oder später auch am Krankenbett wiedertreffe, bestätigt sich meine Beobachtung meist. Solche Patienten haben große Mühe, das sie Bedrückende loszulassen, sich neu zu orientieren oder auch die sie belastende Krankheit als Chance für ihr künftiges Leben einzuordnen. Viele meinen in einer solchen Situation: Nur mit Anstrengung könne man den „Erfolg“ herbeizwingen, das heißt: wieder gesund werden.
Dabei weiß im Grunde jeder aus eigener Erfah-

rung, dass mit „geballten Fäusten" oft gar nichts vorangeht. Vom Krankengymnastik-Therapeuten etwa könnte man dazu Wichtiges lernen. Durch seine wohlbedachten Übungen erzielt er ziemlich rasch gute Erfolge. Auf diese Weise könnten jede und jeder – ganz entsprechend der eigenen Seelenlage – sich aus manch unnötiger Spannungslage lösen. Gefragt ist ein gelassenes Durchhaltevermögen. Dann stellt sich das innere Gleichgewicht wieder wie von selbst ein.

Ich möchte Ihnen dazu eine Geschichte erzählen: Während Rabbi Schalom Mardochaj eines Tages in seinem Haus saß und meditierte, war ein Pogrom losgebrochen. Die entfesselte Menge steckte die Synagoge in Brand. Er aber blieb ruhig im Hause bei seinen Gedanken sitzen. Denn, so erklärte der weise Rabbi, gibt es eine Gerechtigkeit Gottes, so werden die Verbrecher ihre Strafe finden und die Synagoge wird neu erstehen. Gibt es aber keine Gerechtigkeit Gottes – wozu brauchen wir dann eine Synagoge?"

Diese Geschichte lehrt uns, dass es sinnvoll und notwendig ist, warten sowie langfristig und geduldig denken zu können. Es ist gut, zugeben zu können, dass man nicht zu allem fähig ist und nicht ständig Herr seiner Lage sein muss. Wer einen unbeugsamen Glauben – wie der erwähnte Rabbi – und eine geduldige Hoffnung auf einen

guten Ausgang aus der augenblicklichen Misere besitzt, dem geht es wesentlich besser.
Eine besonders entspannende „Übung“ möchte ich Ihnen zum Schluss empfehlen: Legen Sie ruhig einmal ihre Hände zusammen und versuchen Sie ein ausführliches Gespräch mit Gott …

„Ihr seid das Salz der Erde“

„Hat Ihnen Ihr Essen heute geschmeckt?“ Diese Frage stelle ich häufig im Krankenhaus, denn dort spielt das Essen im Genesungsprozess eine wichtige Rolle. Die meisten Patienten loben das Essen und sind damit zufrieden. Nörgler gibt es ja überall. Vor Kurzem antwortete mir ein Patient: „Herr Pfarrer, das Essen wäre schon recht, aber es fehlt das Salz, es schmeckt wirklich fad!“ Ihm war Diät verordnet, und er hatte natürlich Recht.

Ich muss zugeben: Fade Gerichte mag ich auch nicht, es fehlt halt das gewisse Etwas, der Pfiff an der Sache ... Das Salz ist aber nicht nur beim Essen entscheidend. Es spielt in unserem Leben eine herausragende Rolle. Man braucht es z. B. als Konservierungsmittel; es ist für den Nährstoffhaushalt unentbehrlich. Es hat natürlich auch eine reinigende Funktion: Es entfernt rote Flecken auf dem Hemd.

Das Salz ist auch ein Symbol für die geistige Würze. Bei einer guten Predigt darf sie nie fehlen, ansonsten schalten die Zuhörer sofort ab. Ja, es gibt noch weitere Aspekte in diesem Zusammenhang. Wenn Sie schon einmal eine „gesalzene“ Rede gehört haben, werden Sie diese nicht so schnell vergessen können. Vielleicht gab sie Ihnen einen entscheidenden Anstoß.

Oder: Da kam Ihnen jemand in die Quere und Sie sagten: „Der hat mir meine Suppe kräftig versalzen!“ Denken Sie an das ausgestreute Salz auf dem Glatteis Ihres Gehwegs: Es konnte viel Unglück verhindern. Viele Kranke sind nicht nur aus Gesundheitsgründen am Salz des Toten Meeres in Israel interessiert; weil es auch trägt und keiner dabei untergeht, wird es so zur Touristenattraktion ersten Ranges.
Auch Jesus benützt das Salz als Aufhänger für ermunternde Worte an seine Jünger, wenn er sagt: „Ihr seid das Salz der Erde!“ Damit trifft ER uns ganz direkt und möchte – sofern wir unser Christsein ernst nehmen wollen – die „Suppe der Welt“ durch uns schmackhaft machen. Ohne unser Engagement wäre sie also geschmacklos, verwaschen und unklar. Welch eine Herauforderung an uns alle! Sein Wille ist es, dass wir die Dinge beim Namen nennen und für Gerechtigkeit und Wahrheit eintreten. Unsere Pflicht ist es, Konflikte anzusprechen und sie nicht – um des „lieben Friedens willen“ – unter die Decke zu kehren.
Das gilt für alle, Gesunde wie Kranke, denn Sie sind ja zur Zeit nicht weniger Christ. Es gibt zahllose Möglichkeiten, das in die Tat umzusetzen: beim Gespräch mit Ihrem Nachbarn, auf dem Flur Ihrer Station, mit Besuchern, den Schwestern, den Ärzten ... Gerade Krankheiten verhel-

fen uns zum Tieferschauen, zum Umkehren, zur Erneuerung. Wenn Sie dann wieder gesund sind, stehen Sie beim Rückblick besser da ...

Ein Märchen führt uns noch auf eine andere Spur: Ein König fragt seine Töchter, wie sehr sie ihn lieb hätten. Die jüngere gibt zur Antwort, dass sie ihn „wie Salz" liebe. Der König wird daraufhin wütend und jagt sie aus dem Haus. Nach langer Zeit ist der königliche Vater bei der unerkannten Tochter zu Gast. Sie setzt ihm ungesalzene und ungewürzte Speise vor. Auf seine erstaunte Nachfrage hin gibt sie sich zu erkennen und sagt ihm, dass sie den Vater habe fühlen lassen wollen, wie wichtig das Salz ist und wie lieb sie ihren Vater hatte, als sie ihn mit dem Salz verglich.

Ich fände es toll, wenn irgendjemand Sie mit Salz vergleichen würde, weil er Sie als hilfreich und wichtig erlebte. Sehen Sie: Gerade jetzt können Sie wie Salz sein. Wir brauchen einander, wie das Salz.

Ein neues Licht auf die Dinge

Kürzlich besuchte ich einen Patienten, Herrn Z. Ich traf ihn an, wie er im Bett saß, umgeben von vielerlei Papieren, Plänen und schriftlichen Notizen. Kaum hatte unser Gespräch begonnen, da läutete sein Telefon am Bett. Jemand wollte eine geschäftliche Auskunft.

Als das Telefonat endete, hatten wir genügend Gesprächsstoff, um die Situation näher zu betrachten. Ich erfuhr, dass Herr Z. völlig unvorhergesehen ins Krankenhaus hatte müssen: Veracht auf Herzinfarkt. Er hatte noch einmal Glück gehabt.

Es war deutlich zu merken: Für Herrn Z. bedeutete der Krankenhausaufenthalt einen erzwungenen unangenehmen Ortswechsel. Ich spürte, dass er trotz der Warnung seitens des Arztes den eigentlichen Ernst der Lage noch immer nicht erfasst hatte. Schließlich sagte er: „Es war halt ein kleiner Ausrutscher." Mit viel Mühe und unter Zuhilfenahme meiner eigenen Erfahrungen versuchte ich den Patienten sensibel dafür zu machen, dass er endlich über seinen Zustand und den Sinn seiner ersten ernsthaften Erkrankung nachzudenken begann.

Zugegeben: Jeder von uns – ob krank oder gesund – muss immer wieder neu Entscheidungen treffen und Überlegungen anstellen, wie es weitergeht. Das gilt insbesondere in einer Phase der Krankheit. Die Zukunft will gut bedacht sein. Es kommt darauf an herauszufinden, was wirklich wichtig ist und was vorerst keine besondere Rolle spielt.

Für Herrn Z. war die Krankheit von existenzieller Bedeutung. Er musste einmal ernsthaft darüber nachdenken, welche Stellung er in seiner Firma künftig haben sollte; was es bedeuten würde, wäre er nun tatsächlich „ausgefallen“. Manche Entscheidungen lassen sich später noch korrigieren, andere nicht mehr.

Später in unserem Gespräch kamen wir auch auf den Glauben zu sprechen. Gemeinsam mit Herrn Z. versuchte ich, sein Leben besonders aus diesem Blickwinkel neu anzuschauen. Zugegeben: So etwas kann zu einer echten Anfechtung des Glaubens führen, aber es kann auch ein neues Licht auf die Dinge werfen.

Ich riet Herrn Z., einen neuen Anlauf zu nehmen, um zu Gott ein verlässliches Vertrauensverhältnis aufzubauen. Sonst, so sagte ich, sei ich der Überzeugung, werde das an ihn gerichtete Ausrufezeichen seiner Erkrankung nicht fruchten. Die neu erworbene Gesundheit bedeute Heil für Leib und Seele zugleich.

Ich denke oft: Es ist nicht gut, sich allzu sehr an Arbeit und Erfolg als alleinige Maßstäbe des Lebens zu klammern. Besser ist es, Wege zu uns und zu unserem Nächsten zu finden. Aus Beziehungen ist das Fundament der Zukunft gebaut.

Herausgehoben aus der Menge

Auf einem Schild an jeder Krankenzimmertür stehen bei uns die Namen der Patienten. Dafür bin ich sehr dankbar. So weiß ich von vorneherein, wie ich die von mir besuchten Personen ansprechen darf.
Es kommt aber auch immer wieder vor, dass auf einem Namensschild nur ein „Hr." oder ein „Fr." steht. Das bedeutet, dass der Patient entweder keinen Besuch möchte oder meint, mit sich allein zu Rande kommen zu können. Bei Begegnungen mit solchen Menschen ist mir nicht ganz wohl zumute, denn bei Kenntnis des Namens finde ich in der Regel einen schnelleren, direkteren Zugang zum Patienten.
Wenn ich den Namen nenne, kann ich von Anfang an verbindlicher sein. Und der Patient fühlt sich auch viel persönlicher angesprochen. Schließlich gibt der Name auch eine unverwechselbare Identität: Mir diesem ganz eigenen Namen ist der Mensch krank geworden, mit diesem Namen steht er letztendlich allein vor Gott. Mit dem heutzutage überall üblichen, aber unverbindlichen „Hallo" kommen wir nicht weit.
Unser Name ist ein bedeutsames Merkmal. Er wurde erstmals feierlich gerufen, als Gott uns in der Taufe in seine liebenden Arme aufnahm und uns seine Begleitung durch unser Leben zugesagt

hat. Mit unserem Namen leben wir auch über den Tod hinaus. Dafür gibt es Beispiele. Beim Propheten Jesaja lese ich: „Ich rufe dich bei deinem Namen, mein bist du“ (Jes 43,1). Das bedeutet: Mit meinem Namen bin ich herausgehoben aus der namenlosen Menge.

Nicht wenige Kranke beklagen es, dass sie sich in größeren Krankenhäusern wie eine Nummer behandelt fühlen. Mit diesem Wissen spreche ich vielen Patienten wieder Mut zu. Oft plagt sie die Frage: „Warum liebt mich Gott nicht? Warum muss er mir gerade dies zumuten?“ Ich antworte darauf: „Mit deinem Namen bist du eingeschrieben für dein ganzes Leben und darüber hinaus. Halte ihn deshalb auch heilig! Nimm ihn wichtig! Trage ihn gerne und lebe mit ihm!“

Ich las kürzlich ein zu beherzigendes Wort. Es heißt darin: „Ich, das ist mein Name – mein Name, das bin ich.“ So gesehen kann mir mein Name Halt und Stütze werden, gerade jetzt in Not und Krankheit. Vielleicht beginnt man ihn dann wieder neu zu schätzen. Mit dem Namen ist man eingewurzelt und verankert in Gottes unendlicher Liebe und Geborgenheit.

In jüngeren Jahren schauen wir mehr auf unsere Leistungen, unseren Rang in der Gesellschaft und unseren Besitz. Mit zunehmendem Alter spüren wir, dass unser gefährdetes Leben eine andere

Stütze braucht. Unser Wert besteht unverlierbar in der Liebe Gottes, denn wir sind einmalig bei unserem Namen gerufen.

Fürchte dich nicht!

So spricht der Herr:
Fürchte dich nicht,
denn ich habe dich ausgelöst,
ich habe dich beim Namen gerufen,
du gehörst mir.

Wenn du durchs Wasser schreitest,
bin ich bei dir,
wenn durch Ströme,
dann reißen sie dich nicht fort.

Wenn du durchs Feuer gehst,
wirst du nicht versengt,
keine Flamme wird dich verbrennen.

Denn ich, der Herr, bin dein Gott,
ich, der Heilige Israels, bin dein Retter.

Denn jeden, der nach meinem Namen
benannt ist, habe ich zu meiner Ehre
geschaffen, geformt und gemacht.

Jesaja 43,1–3.7

Du bist nicht vergessen

Fast auf jedem Nachtkästchen steht ein Blumengruß, da und dort liegen Süßigkeiten, manchmal lehnt stolz ein Teddybär an der Vase. Oft hängen gemalte Genesungswünsche an der Wand. Sie stammen von den Enkeln oder von Nachbarskindern und sind meist mit rührenden Bildern und Sprüchen versehen.
Die Menschen, die Sie besuchen, wollen eben nicht nur mit leeren Händen dastehen, sondern ihre guten Wünsche mit einem sichtbaren Zeichen unterstreichen. Solche kleinen Geschenke erfreuen riesig, weil sie die Verbundenheit mit Ihnen in der Zeit der Krankheit symbolisieren. „Du bist nicht vergessen“, lautet ihre Botschaft. Und: „Denke bitte auch an mich, dem du zurzeit fehlst. Unsere Freundschaft trägt dich in diesen schweren Tagen.“
Ich habe aber auch schon das Gegenteil erleben müssen. Da beschweren sich Kranke darüber, dass bestimmte Personen sie (noch) nicht aufgesucht haben. Das Ausbleiben wirkt wie ein Alarmsignal: Stimmt etwas nicht in der Beziehung?
Wir brauchen alle – ob gesund oder krank – immer wieder sichtbare Zeichen der Verbundenheit untereinander. Es ist eine Binsenweisheit: Schon ganz kleine Geschenke erhalten die Freundschaft. Es muss ja auch gar nicht viel kosten, denn der

Zeichen-Wert ist um vieles höher als der Waren-Wert. Und zudem: Das eigentliche Geschenk ist nicht das Geschenkte, sondern der Schenkende selbst.
Es spielt eine große Rolle, wer da schenkt. Wenn beispielsweise ein junger verliebter Mann seiner „Angebeteten" eine einzige Rose schenkt, dann ist sie fast „millionenschwer" in ihrer Aussage. Alles kann man kaufen, nur eines nicht: das Wohlwollen und die Liebe eines Menschen. Das ist reines Geschenk.
Menschen empfinden besonders in den Tagen der Krankheit ihr Leben als das allergrößte Geschenk und sehnen sich nach Heilung. Auch wenn es momentan brüchig erscheint, so liegt es gerade jetzt in Gottes Hand, aus der man es erhielt. Der Apostel Jakobus sagt: „Jede (gute) Gabe und jedes vollkommene Geschenk kommt von oben; bei Gott gibt es keine Veränderung und keine Verfinsterung."
Mein Appell an Sie: Lassen Sie das doch vielleicht auch einmal Ihren Bettnachbarn spüren, indem Sie ein Lächeln oder ein gutes Wort schenken. Auch die Schwester und der Pfleger sind nicht böse, wenn ihr und ihm das widerfährt. Wie gesagt: Alles, aber auch gar alles, was aus Gottes Hand kommt, ist geeignet zum Weiterschenken.

Nur keine Berührungsängste!

Besonders unwohl fühle ich mich im Krankenhaus, wenn ich an einer Zimmertür das Schild finde: „Bitte bei der Stationsschwester nachfragen!“ In den meisten Fällen bedeutet der Hinweis, dass ich mich bei dem betreffenden Patienten zurückzuhalten habe, etwa einen sogenannten Schutzmantel anziehen oder gar Gummihandschuhe überstülpen muss, um mich selbst nicht zu infizieren.

Ich tue das natürlich pflichtgemäß, weil ich nicht gegen die Anweisungen des medizinischen Personals verstoßen möchte. Trotzdem gebe ich aber dem Patienten immer die Hand. Ich möchte ihn keine Berührungsängste spüren lassen. Ihm tut es gut. In all den vielen Jahren meiner Tätigkeit als Krankenhausseelsorger habe ich mich nicht ein einziges Mal infiziert. Meine Erfahrung sagt mir: Je mehr Furcht vor Ansteckung einen plagt, desto mehr wird man darunter unnötig leiden.

Das gilt auch in einem übertragenen Sinne. Haben Sie nicht manchmal den Eindruck, dass viele unserer Zeitgenossen alles, was mit Krankenhaus und Krankheit zu tun hat, peinlichst meiden? Sie wollen nicht mit der Aussicht konfrontiert werden, dass sie selbst einmal betroffen sein könnten. Aber Krankheit kann und darf nicht aus unserem Leben ausgesperrt werden.

Das gilt auch für körperliche und geistige Behinderungen. Was tun viele, wenn sie solchen Menschen begegnen? Entweder schauen sie weg oder starren ganz genau hin. Was wäre, wenn wir in der Haut eines Betroffenen steckten? Wir wären gewiss dankbar, wenn uns ein verständnisvoller Mensch in den Arm nehmen würde, uns berührte oder streichelte.
Das beste Beispiel für den Umgang mit Kranken und Behinderten ist für uns Christen Jesus selbst: Er hatte nie Berührungsängste; er heilte ausgegrenzte Menschen und schenkte ihnen neuen Lebensmut. Ich wünschte mir, dass er unsere innere Kontaktschwäche heilt, damit wir beginnen können, unsere Sperren im Miteinander abzubauen.

Als Kinder liebten wir die Auszählverse beim Spiel. Christine Nöstlinger hat einen Reim erfunden, den ich sehr passend finde. Provozierend, wie er ist, könnte er uns mit der Nase darauf stoßen, wo wir anzusetzen haben:
„Einer ist reich und einer ist arm; / einer erfriert und einer hat's warm. / Einer stiehlt und einer kauft; / einer schwimmt oben und einer ersauft. / Einer springt und einer hinkt; / einer fährt weg und einer winkt. / Einer hat Hunger und einer hat Brot; / einer lebt noch und einer ist tot. / Einer hat's lustig und einer hat Sorgen; / einer kann

schenken und einer muss borgen. / Zu den einen zählst du, zu den andern zähl' ich; / ich hab's lustig und warm, also pfeif' ich auf dich."

Ein froher Blick macht alles hell

Der erste Blickkontakt mit meinen Patienten ist für mich beim Krankenhausbesuch ganz wichtig. Ich sehe dann ziemlich schnell, ob es ihr/ihm gut geht oder ob er traurig ist. Das Auge ist für mich ein Schaufenster. Das sich anschließende Gespräch verläuft entsprechend diesem Eindruck, danach richtet sich mein Verhalten gegenüber dem Patienten; entweder ist Trösten, Ermutigung und Bestärken angesagt oder auch nur Zuhören. Manchmal gehe ich auf die humorvolle Bahn.

Viele bezeichnen ja das Auge als das wichtigste Sinnesorgan des Menschen. Ein Erblindeter kann das sicher bestätigen. Ich kann auch gut nachfühlen, liebe Kranke, wie entscheidend es für Ihre Seelenlage ist, ob Ihnen die Schwester, der Pfleger, der Arzt oder die Putzfrau einen frohen Blick zuwirft oder nicht. Man nennt das Ausstrahlung.

Ob wir nun krank sind oder gesund, wir kommunizieren ja dauernd miteinander über unsere Au-

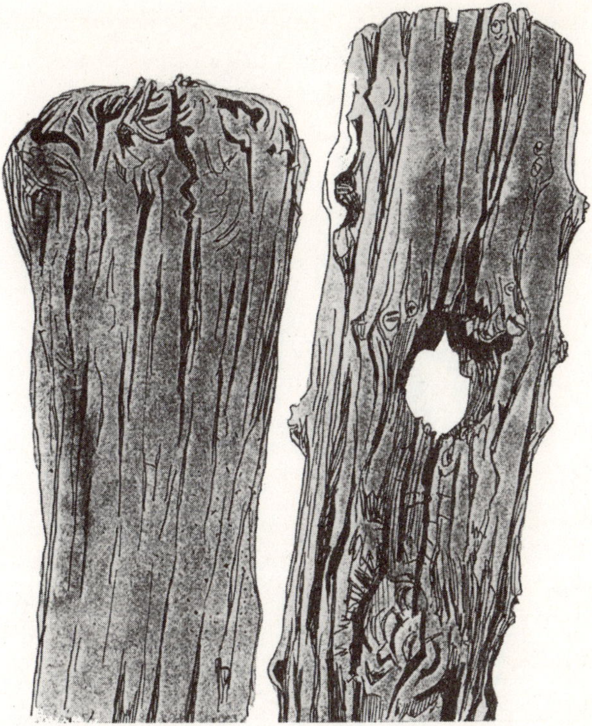

gen. Ich schaue gerne jemand tief in die Augen. Zum Beispiel beim Zuprosten geht es ja gar nicht anders. Menschen, die sich schon seit vielen Jahren in- und auswendig kennen, verständigen sich mit einem einzigen Blickkontakt. Immer wieder wünschen auch Patienten, mit mir als Seelsorger „unter vier Augen" sprechen zu können, weil sie sonst keine Gelegenheit dazu finden.
Ich glaube fest, dass Jesus den Menschen beim

Begegnen tief in die Augen schaute und sie somit beeindruckte. Im Vorhof des Hohenpriesters in Jerusalem traf sein Blick nach dreimaligem Verleugnen seinen Freund Petrus besonders tief.
Jesus spricht überhaupt in mehrfacher Hinsicht über das Auge, und das unmissverständlich. Wir sollen es z.B. nicht missbrauchen, wenn ER sagt: „Wenn dich dein rechtes Auge zum Bösen verführt, dann reiß es aus und wirf es weg, denn es ist besser für dich, dass eines deiner Glieder verloren geht, als dass dein ganzer Leib in die Hölle geworfen wird." Na ja! Meinen Sie nicht auch, dass wir wohl schon lange keine Augen mehr hätten, wenn wir IHM radikal gehorchten ...?
Ich schlage vor: Behüten und hüten wir unsere Augen, damit wir vor IHM eines Tages damit bestehen können ... In einem Gospelsong heißt es: „Du sagst, es sei schwer, das Leben, das wir kennen, hinter uns zu lassen. Aber es gibt keinen anderen Weg. Und nun liegt es an dir. Liebe ist der Schlüssel, den wir benutzen müssen, Wahrheit die Flamme, die wir entfachen müssen. Verstehst du, was ich meine? Haben es deine Augen wirklich gesehen?"

Seien Sie „ganz Ohr"!

Bei meinen Besuchen am Krankenbett stelle ich immer wieder fest: Wenn sich die Patienten im selben Krankenzimmer einander vielerlei aus ihrem Leben erzählen, lässt sich so mancher Tiefpunkt oder auch Seelenkrise besser ertragen. Noch viel besser ist es im gegenseitigen Miteinander, wenn Sie dabei die Kraft dazu finden, dem *anderen* wirklich, ausdauernd und ohne auf die Uhr zu schauen *zuhören* zu können. Das ist aber gar nicht so einfach. Meist möchten *wir* gerne reden; zuhören nicht unbedingt. Ich behaupte einmal: Ein Mensch, der kein Gehör findet beim andern, fühlt sich eben vernachlässigt, zurückgestoßen oder allein gelassen. Er ist somit auf sich verwiesen, auf sich allein gestellt, und dies endet dann oft in Einsamkeit oder gar Verzweiflung.
Wie häufig darf ich spüren, wie dankbar ein kranker Mensch ist, wenn ich ihm mit Ausdauer zuhöre. Da löst sich – fast mit Händen zu greifen – so manche Verkrampfung seelischer Art, und Stumpfheit schwindet. Denn das steht auch fest: Wenn unser inneres Ohr taub geworden ist, ist es um die menschliche Gemeinschaft in unserer so hektischen Zeit geschehen.
Das gilt insbesondere im Krankenhaus. Leider ist mancherorts für diesen entscheidenden Bereich unseres zwischenmenschlichen Lebens hierfür

noch wenig Spielraum übrig. Der Zeitfaktor, die finanzielle Bilanz walzt alles gnadenlos nieder.
Ich mache Ihnen, liebe Kranke, einen Vorschlag: Versuchen Sie es doch einmal, zusammen mit Ihren Mitpatienten oder mit Menschen aus Ihrer näheren Umgebung, einen sogenannten *„Hörkurs"* zu machen! Er wäre sogar total kostenlos, wäre auch nicht zeitraubend, da Sie ja sowieso momentan keine andere „Tätigkeit" ausüben können als diese dann. Ich meine: Nur wer von sich loskommen kann, kann auch dem andern Gehör schenken.
In diesem Zusammenhang erinnere ich an die leiblichen Werke der Barmherzigkeit. Zu ihnen gehört das Zuhören ganz gewiss! Wenn Sie das schaffen, wird sich dabei Ihr Horizont erweitern und Sie werden selbst als Hörende die Beschenkten. Ich muss einfach sagen: Was habe ich nicht schon alles beim geduldigen Zuhören an Krankenbetten lernen dürfen! Oft wurde ich dabei ganz still, manchmal beschämt ...
Also: Seien Sie mal „ganz Ohr"! Es lohnt! Nicht umsonst empfiehlt Jesus dies auch, wenn er sagt: „Wohl euch, denn eure Ohren hören. Viele Propheten und Gerechte haben sich danach gesehnt zu hören, was ihr hört, und haben es nicht gehört." Das sollte uns doch nun wirklich nicht passieren, oder?

Mit einem Lächeln über Mauern

Oft werde ich gefragt, ob meine Arbeit im Krankenhaus nicht sehr schwierig sei, wenn ich dort fortwährend Kranken, öfters auch Sterbenden, begegne. Ich antworte immer gleich: „Auf gar keinen Fall. In jedem Krankenzimmer darf ich immer je anderen Menschen mit höchst unterschiedlichen Lebensgeschichten begegnen. Das bedeutet eine große Herausforderung und einen erheblichen Gewinn zugleich. Meine Erfahrung im Umgang mit den Mitmenschen wächst dadurch ständig."

Diese Feststellung gilt gewiss nicht nur für mich. Auch sie, die Kranken, leben ja existenziell von vielerlei Begegnungen: mit den Ärzten, den Schwestern und Pflegern, den Zivildienstleistenden und dem Reinigungspersonal. Angehörige, Freunde und Bekannte besuchen sie. All diese Begegnungen können ihre Einsamkeit verringern, ihre Ängste und Befürchtungen lindern.

Leider kapseln sich viele Menschen – gesunde wie kranke – zu sehr von ihrer Umwelt ab. Dabei denke ich: Gerade Begegnungen bereichern unser Leben und füllen manche Leere. Für mich gilt: Ich fühle mich dabei wie der Fisch im Wasser. Bei Begegnungen empfange ich neue Erkenntnisse und Anregungen. Schon ein kurzes Lächeln vermag Mauern zu überwinden und Barrieren zu sprengen. Gelegentlich frage ich mich, ob die Scheu vor Begegnungen nicht auch damit zusammenhängt, dass wir insgeheim befürchten, im Blick auf unsere Mitmenschen in belastende Verantwortungen hineingezogen zu werden. Die Sorgen der anderen werden dann natürlich auch zu unseren. Ich versuche, meine Gesprächspartner spüren zu lassen, dass mir ihre Sorgen und Anliegen nicht gleichgültig sind, dass ich sie mittragen möchte in meinen Gedanken und Gebeten. Ich glaube, dass das vielen weiterhilft.

Wenn Sie jetzt sagen, dass Sie sich durch eine solche Mitverantwortung überfordert fühlen, dann kann ich das verstehen. Doch denken Sie einfach einmal an jene Momente, in denen andere Menschen Ihre Sorgen mitgetragen haben und für Sie Verantwortung übernahmen. Schon allein das wäre Grund genug, aus Dankbarkeit ebenso zu handeln.

Im Grunde scheint es mir gar nicht so schwierig: Man muss eben beherzt über seinen Schatten springen und auf andere zugehen, ihnen diese Begegnung ermöglichen. Ich bin sicher, Sie werden wahre Wunder erleben und selbst mit neuem Leben belohnt. Schließlich ist es genau das, was wir alle am Wirken Jesu ablesen können: seine liebende Hinwendung an jede und jeden. Erst im Nehmen und Geben erfahren wir Gottes liebende Zuwendung an uns alle.

Füllen Sie Ihre Hände mit Liebe!

Eine Begegnung im Krankenhaus, die einige Wochen zurückliegt, lässt mich bis zur Stunde nicht los. Da saß eine jüngere Frau am Krankenbett ihrer Mutter und unterhielt sich mit ihr. Ich kam dazu und begann mit ihnen ein Gespräch.

Ziemlich rasch merkte ich, dass diese Tochter mich mit merkwürdigen Blicken immer wieder von oben bis unten musterte. Am Ende dieses Besuches lud ich – wie immer – beide zum Gebet ein und gab ihnen den Segen. Beim Verabschieden reichte ich zuerst der Mutter die Hand und wünschte ihr alles Gute. Ihre Tochter jedoch verweigerte mir ihre Hand. Als ich sie nach dem Grund dafür fragte, verwies sie mich auf eine – mir unbekannte – Bibelstelle im Alten Testament, wo dies verboten sei.

Spontan gab ich ihr zur Antwort: „Für mich ist das Neue Testament ergiebiger, weil dort vielerlei Beispiele zu finden sind, wo Jesus ganz unterschiedlichen Menschen herzlich begegnete, sie oft mit der Hand berührte, ihnen Heilung schenkte, seine Nähe spüren ließ und vor allem segnete."

Jetzt möchte ich Sie, liebe Kranke, gerne fragen: „Wie hätten Sie denn reagiert? Lassen Sie uns miteinander einen Versuch machen. Betrachten Sie bitte einmal mit mir zusammen Ihre Hand und fragen sich, was sie Ihnen bedeutet.

Waren Sie nicht auch schon dankbar, wenn Ihnen in schwerer Stunde jemand die Hand hielt und Sie dadurch spüren ließ, wie stark er mit Ihnen fühlen konnte? Ich durfte das schon öfters erleben.

Unsere Hände können unwahrscheinlich viel Gutes bewirken, z. B. etwas hergeben, was dem anderen Freude macht. Unsere Hände können offen sein, um zu empfangen. Viele Mitmenschen lassen sich leider nur allzu ungern beschenken.

Oder: Wenn wir unsere Hand zum Verzeihen reichen, was kann das doch für den Betroffenen eine glückselige Stunde werden! Und wenn wir mit unseren Händen gar nichts mehr arbeiten können, reicht es immer noch zum Händefalten, um Gott anzurufen. Ich bin froh, dass ich mit meinen Händen nicht nur vielerlei tägliche Dinge verrichten kann, sondern mit ihnen segnen darf.

Mit unseren bescheidenen Händen können wir andere führen, ihnen unter die Arme greifen und so Sicherheit und Geborgenheit geben. Haben Sie schon einmal zuschauen dürfen, wie glücklich doch Kinder sind, wenn sie an der Hand ihrer Mutter oder des Vaters springen dürfen?

Wäre es doch nicht einmal auch für Sie einen Versuch wert, in allernächster Zeit einem Ihrer Mitpatienten bzw. Nachbarn bewusst die Hand zu reichen, sie festzuhalten und dazu ein ermun-

terndes Wort zu sagen? Ich spüre das häufig, wie gut das anderen tut.
So lassen Sie uns – Hand in Hand – unseren Weg gegenseitig erleichtern. Füllen Sie Ihre Hände mit Liebe und Verständnis! Zärtlich sein mit unseren Händen gehört zum Schönsten, was wir tun können.

Das Du gibt Mut zum Leben

Als Besucher in Krankenzimmern bleibe ich häufig nicht allein. Oft treffe ich Angehörige von Kranken, die – wie ich – gerade zu Besuch kommen. Besonders interessant finde ich es, wenn ich im Laufe des Gesprächs mit ihnen deren jeweilige Beziehung zum Kranken heraushören kann.
Etwa die – zugegebenermaßen provozierende – Frage: „Wie kommen Sie zurzeit ohne Ihren Mann oder Ihre Frau, ohne Ihren Freund oder Ihre Freundin zurecht?" bringt manches Gespräch in Fluss. Die Zunge wird lockerer. Die Palette der Antworten reicht von witzigen Bemerkungen bis zum tränenerfüllten Eingeständnis, dass der oder die andere gewaltig fehle und eine große Lücke hinterlasse.
Das sind in meinen Augen die sogenannten Nebenwirkungen einer Krankheitsgeschichte. Ich

bin sicher, dass jede, aber auch wirklich jede Krankheit sehr viele positive Aspekte in sich trägt. Manchmal ist es nicht zuletzt diese Lücke, die wehtut und die es nun auszufüllen gilt.
Es lohnt sich, diese Zusammenhänge genauer zu untersuchen. Offenbar hält es der durchschnittliche Mensch auf Dauer allein nicht aus. Damit wir ganz wir selbst sein können, brauchen wir das Du, sind darauf auf Gedeih und Verderb angewiesen. Die geläufige Formulierung „Keiner ist eine Insel“ kommt mir hierzu in den Sinn.
Man kann in der Einsamkeit ersticken. Das passiert nicht selten. Schon auf der ersten Seite der Bibel ist uns das anschaulich geschildert. Der Mensch lebt zwar im Paradies, alles ist heil und ungetrübt. Und doch sehnt er sich nach einem Partner. Alles ist für ihn freudenarm und öde, bis er sein Gegenüber entdecken darf.
Ob Sie nun krank sind oder gesund: Sie werden mir sicher beipflichten, dass es einfach gut und wohltuend ist, wenn wir uns bei einem Menschen geborgen fühlen dürfen, dessen Nähe erfrischend und ermutigend auf uns wirkt. So bekommt alles im Leben ein anderes Gesicht. Wir brauchen die Kontakte untereinander wie das tägliche Brot und die Luft zum Atmen.
Falls Sie gerade krank sein sollten, mache ich Ihnen einen Vorschlag: Sagen Sie beim Besuch des

Ihnen am nächsten stehenden Menschen: „Ohne dich wäre ich verloren, hätte ich keine Freude, keinen Mut, keine Hoffnung, keine Zukunft. Ich danke dir dafür. Und wenn wir dann wieder zu Hause beieinander sein dürfen, dann fangen wir neu miteinander an! Es wird besser und schöner werden!"
Ich bin sicher, es bewahrheitet sich dann wieder einmal ein afrikanisches Sprichwort, das da lautet: „Der Mensch ist des Menschen beste Medizin."
Verschreiben Sie sich diese Medizin dieses Mal selbst!

Allen Menschen Freundlichkeit

Das habe ich mir vorgenommen: Ohne ein freundliches Gesicht gehst du nicht in ein Krankenzimmer! Freundlichkeit gehört für mich einfach dazu, ist geradezu Voraussetzung für einen gelingenden Besuch.
Das Echo belohnt mich manchmal für die Verwirklichung dieses Vorsatzes. Neulich sagte mir ein Kranker frisch heraus: „Sie sind aber ein freundlicher Mensch!" Das tut gut und ich merkte, wie er selber dabei strahlend lächelte.

Freundlichkeit ist eben keine Einbahnstraße. Sie kennen ja das Sprichwort: „Wie man in den Wald hineinruft, hallt es auch wieder heraus.“ Aber leider handeln wir nicht immer danach. Der Grund: Weil wir zu oft die Kleinigkeiten (der Freude) übersehen und dauernd auf der Jagd nach den sogenannten großen Freuden des Lebens sind. Und die kommen bekanntlich ziemlich selten vor!

Was ich mit „Kleinigkeiten der Freude“ meine? Beispielsweise, wie schon erwähnt, ein ganz einfaches Lächeln. Auch ein humorvolles Wort kann Wunder wirken oder bescheidene Dienstleistungen – etwa die Schnabeltasse füllen und zureichen oder beim Hausschuheanziehen behilflich sein.

Vor Kurzem wunderte sich eine Patientin über mich, weil ich sie auf ihr Zimmer im Rollstuhl zurückfuhr; ich bemerkte nämlich, dass sie beim zu langen Warten auf dem Flur ungeduldig wurde. „Was, der Herr Pfarrer fährt mich durch die Gegend!“, sagte sie und bedankte sich mehrmals bei mir. Sie wird es wohl nicht vergessen.

Kurzum: Freundlich muss es zugehen, denn kein Mensch hält es auf Dauer ohne Liebe und Freundlichkeit aus. Und wenn es dann daran fehlt, suchen sich manche Ersatzhandlungen, die zu nichts taugen. Ich las neulich davon, dass es

Leute gibt, die in ihrer Verlassenheit die Ansager am Fernsehschirm küssen ... Tragisch und begreiflich zugleich!
Es ist unsere Aufgabe, durch unser Verhalten dazu beizutragen, dass solches Verhalten nicht notwendig wird. Das bedeutet: dem Nächsten gegenüber aufmerksamer werden und erfinderisch Freundlichkeit auszustrahlen. Paulus schrieb nicht umsonst an seine Gemeinde in Philippi: „Lasset eure Freundlichkeit allen Menschen kund werden!"
Immer wieder ist es das Kleine und Unscheinbare, in dem uns Gottes Freundlichkeit aufscheint. Sie sollte niemals Mangelware werden.

Ein Lächeln kann Schmerzen lindern

Es war nur ein sonniges Lächeln,
es war nur ein freundliches Wort,
doch scheuchte es lastende Wolken
und schwere Gedanken fort.

Es war nur ein warmes Grüßen,
der tröstende Druck einer Hand,
doch schien's wie die leuchtende Brücke,
die Himmel und Erde verband.

Ein Lächeln kann Schmerzen lindern,
ein Wort kann von Sorgen befrei'n,
ein Händedruck Sünde verhindern
und Liebe und Glaube erneu'n.

Es kostet dich wenig, zu geben
Wort, Lächeln und helfende Hand,
doch arm und kalt ist dein Leben,
wenn keiner solch' Trösten empfand.

Überliefert

Ein Ort, um Gott zu treffen

Viele Patienten im Krankenhaus legen auf den Nachtschränken verschiedene Gegenstände des Alltags ab. Da findet man Taschentücher, Schnabeltassen, Illustrierte und Bücher, manchmal Fotos oder auch Süßigkeiten. In nicht wenigen Krankenzimmern sehe ich dazwischen auch entweder ein kleines Kreuz oder ein Marienbild oder das Bild eines anderen Heiligen.
Der Kranke bringt solche Gegenstände ja absichtlich mit, weil sie ihn beispielsweise an seine gewohnte Umgebung zu Hause erinnern und ihm in der Krankheit ein Stück Heimat bedeuten. Beim Besuch am Krankenbett spreche ich

das jedes Mal an und lasse erkennen, dass ich es gut finde. Oft schließt sich daran noch ein längeres Gespräch an.
So ist es wohl: Es gibt Orte und Dinge – ob klein oder groß –, an denen der Mensch sich selbst festmachen und beheimaten kann. Bei mir zu Hause liegt zum Beispiel auf meinem Schreibtisch ein kleines Kreuz aus dem (bescheidenen) Nachlass meiner Kindergartenschwester Lucilla, die mich, neben manch anderem, auch das Beten lehrte. Wie heimelig und ansprechend wirken die Herrgottswinkel, die es in vielen Wohnungen (und nicht selten auch in Gasthäusern) gibt! Freilich habe ich auch schon des Öfteren bei Hausbesuchen erlebt, dass ich vergeblich nach einem Kreuz Ausschau hielt. Ich habe in keinem Raum eines gefunden, dafür aber oftmals schöne und teure Bilder.
Auch andere Religionen kennen feste Plätze und Gebräuche, die die Konzentration auf Gott möglich machen. Muslime beten unabhängig vom Ort, an dem sie sich gerade befinden, auf einem Teppich kniend und gen Osten, nach Mekka, der von ihnen als heilig empfundenen Stadt, gerichtet. In der jüdischen Religion ist eine Synagoge ohne Thoraschrank (in der die Schriftrolle liegt) ebenso undenkbar wie eine christliche Kirche ohne Kreuz. Und noch ein ganz anderes

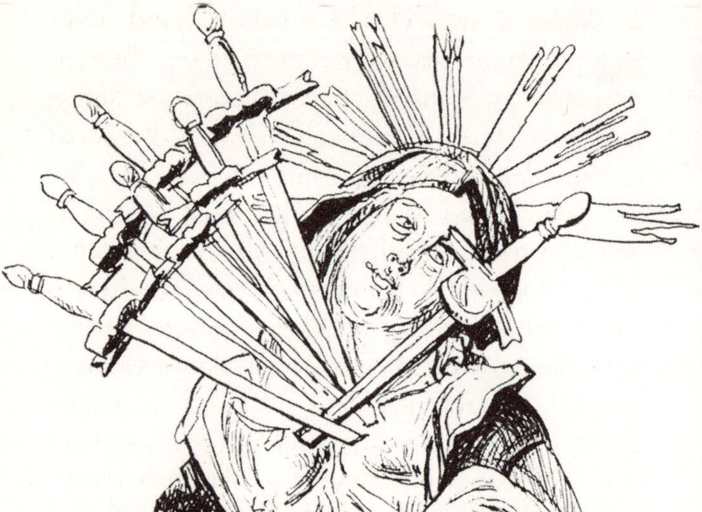

Beispiel fällt mir ein: Bei einem Berlin-Besuch vor drei Jahren stellte ich mit Erstaunen fest, dass im Trubel dieser Weltstadt sogar im Brandenburger Tor ein Gebetsraum der Stille eingerichtet ist, wo viele der Besucher dieser Stadt Ruhe finden können. Tür an Tür mit der lauten Alltagswelt ist dies notwendig.

Wir fühlen uns erst dann geborgen, wenn wir einen Ort haben, an dem uns Gott treffen kann. Ohne einen solchen inneren Ortswechsel kann Beten schwer gelingen. Nicht umsonst haben heutzutage Einkehrtage, Besinnungswochenenden in Klöstern und Exerzitienwochen wieder regeren Zuspruch. Von dem Münchner Komiker Karl Valentin gibt es einen humorvollen Ausspruch, der genau den Punkt trifft, auf den es uns allen – Gesunden und Kranken – ankommen müsste. Er sagte einmal: „Heute besuche ich mich, hoffentlich bin ich auch zu Hause!"

Auf Gottes Klopfzeichen hören

Heute erzähle ich Ihnen eine weitere Krankengeschichte. Sie war für mich beeindruckend. Man kann aus ihr einiges lernen: 18 Jahre schon leidet der Patient, den ich besuche, an einer unheilbaren Krankheit. Sie nervt und nervt ihn, bleibt ununterbrochen sein Begleiter bei Tag und bei Nacht.

Viele Menschen, die darunter leiden, haben sich ihr schon durch den selbst gewählten Todestermin entzogen. Es ist der sogenannte Tinnitus: Pausenlos tönt es da im Ohrenbereich, man könnte dabei auch leicht verrückt werden. Mein Patient schildert ihn mir ausführlich.

Bei genauem Zuhören bin ich stark betroffen, besonders von seiner hohen Gelassenheit, die er wohl erst im Lauf der vielen Jahre seiner Krankheit dazugelernt hat. Schließlich sagte er zu mir: „Wenn ich mich aber mit irgendetwas beschäftige bzw. etwas Lauteres höre – es darf jedoch kein Lärm sein! –, dann tritt mein Tinnitus in den Hintergrund, ich ertrage ihn so lange leichter."

Das heißt für mich: Wenn es uns gelingt, uns von stärkeren Kräften beeindrucken bzw. ablenken zu lassen, entkommen wir schneller und leichter gewissen Zwängen, die uns zu schaffen machen. Es gibt offensichtlich starke Kräfte, denen wir Raum geben müssen, um zu besehen.

In diesem Fall ist es wohl der stärkere (richtige) Ton.
Mir fällt dabei ein: „Der Ton macht die Musik." Es kommt eben darauf an, dass der Ton mehr ist als nur eine hörbare Erscheinung. Oft „tönen" wir ja aus allen Rohren und bilden uns noch ein: Je lauter der Ton, desto besser werden wir angehört. Die Lebenserfahrung zeigt aber, dass leise Töne oft besser gehört werden als die lauten. Jemand ins Ohr flüstern macht meist aufmerksamer als ein Geschrei.
Von so manchem Zeitgenossen hört man keinen Ton, weil er entweder nichts zu sagen hat oder sich nicht gern einmischen möchte. Wieder andere sind mit Freude tonangebend und beherrschen dadurch die anderen. Mein Namenspatron Paulus z. B. redet in seinem Brief an die Korinther von einem „tönenden Erz und einem scheppernden Blech". Will sagen: nichts dahinter, nur tönen, nur Show-Effekte. Sogar ein ganzer Berufszweig befasst sich mit diesen Problemen: die Tonakustiker, von deren gutem Gehör viel abhängt.
Ich wünsche Ihnen also ein gutes Gehör. Sie brauchen es für Gottes leise Töne in Ihrer jetzigen Krankheit. Es gilt, die „Klopfzeichen Gottes" zu vernehmen. Im süddeutschen Raum und in Österreich gab es früher den Adventsbrauch von den „Klopfnächten". Vermummte Gestalten

gingen da von Haus zu Haus, klopften an die Türen, baten um Einlass, sangen schöne Lieder und wünschten den Hausbewohnern Gottes Segen dazu. Ob diese Männer wohl an die Bibelstelle dachten, wo es heißt: „Siehe, ich stehe vor der Tür und klopfe an. Wer meine Stimme hört und die Tür öffnet, bei dem werde ich eintreten und wir werden Mahl halten, ich mit ihm und er mit mir“?

Auch Ihre Krankheit kann so eine Zeit sein, in der Gott bei Ihnen anklopft, Sie besuchen will, Sie sozusagen „heimsucht“, damit Sie im Glauben wachsen und reifen können – vorausgesetzt, dass Sie seine Klopfzeichen hören, dass sie stärker sind als alle anderen Töne.

Es gibt ein schönes Gebet, das ich Ihnen empfehlen möchte: „Gib mir ein Ohr, Herr, das deine Stimme erkennt; gibt mir ein Herz, das wachsam ist für die Gnade und die Herausforderungen der Sünde und bereit für den Tag deiner Ankunft.“ Beten wir es doch gemeinsam!

Gott muss anders sein

Neben Gelassenheit, Gottvertrauen und großer Zuversicht höre ich bei meinen Besuchen oft auch heftige Vorwürfe und Anklagen gegen Gott: „Ich habe schon so viel gebetet, aber es kommt nichts dabei heraus", jammert der eine. „Ich schrie oft in meiner Not, aber Gott hört mir nicht zu", resigniert eine andere.

Rein theoretisch wissen wir, dass wir von Gott nichts Unerfüllbares erwarten dürfen, keine Zauberkunststücke und magische Tricks. Wir wissen auch, dass Gott uns nicht wie ein Dienstmann zur Verfügung stehen muss und dass wir ihn nicht erpressen können wie Tauschhändler nach dem Motto: „Gibst du mir, so geb ich dir!" Dennoch ist die Versuchung immer groß, so zu denken und zu handeln ... gerade dann, wenn Krankheit uns bedrängt.

Im Lukasevangelium heißt es „Denkt euch den Fall, dass einer einen Freund hat. Zu dem geht er mitten in der Nacht und ruft ihn heraus: Hilf mir doch mit drei Broten aus. Ein Bekannter ist bei mir eingekehrt auf der Reise und ich habe nichts für ihn zu essen. Da ruft der andere von drinnen: Lass mich in Frieden! Ich habe die Tür verriegelt und meine Kinder schlafen schon. Ich kann nicht aufstehen und dir Brot geben. Aber sicher ist: Wenn er schon nicht aufsteht und hilft, weil ein Freund vor der Tür steht, dann wird er doch aufstehen und demjenigen geben, der ihn mit seinem hartnäckigen Rufen immer wieder aus dem Schlaf reißt ... Wer Gott bittet, empfängt; wer bei ihm anklopft, dem wird er die Tür auftun."

Manchmal stelle ich meinen Gesprächspartnerinnen und -partnern die Frage: „Haben Sie das Vaterunser schon einmal ganz langsam, Wort für Wort, gebetet? Denn in ihm ist das schönste und mit nur drei Wörtern zugleich kürzeste Gebet verborgen, das da heißt: Dein Wille geschehe."

Ich finde: Man kann Gott nicht bitten ohne die bedingungslose Ergebung in seinen Willen. Es muss ja auch nicht alles Leid und alles Böse von Gott kommen und von ihm gewollt sein. Wenn schon ein Kind nicht immer verstehen kann, warum die Eltern manchmal Nein sagen (müssen), wie sollen wir als Erwachsene Gott verstehen können, wenn er uns manche nicht erhörte Bitte zumutet? Das Leben lehrt uns: Oft sieht später alles ganz anders aus.

Wir müssen wohl mit vielen unerhörten Gebeten leben. Aber eines ist auch sicher: Gott muss anders sein, als unsere Selbstsucht ihn oft sehen möchte. Wir erleben auch viel Positives: Wir beten und finden Erhörung. Jedoch sieht mitunter die Erfüllung unserer Bitten anders aus, als wir sie uns vorgestellt haben.

Wir dürfen mit dem Rufen und Hoffen nie aufhören. Schließlich beten wir nicht, weil Gott unsere Bitten nötig hätte. Lassen wir ihn nur getrost walten – und glauben wir fest daran, dass er, anders als wir, keine Fehler macht.

Heilung und Glauben sind Geschwister

Mir bleibt das Wort „aussichtslos" noch lange im Ohr. Es fiel im Gespräch mit Herrn D., als wir miteinander über die Ursache seiner Krankheit sprachen.

Herr D. glaubte nicht mehr daran, dass ihm geholfen werden könne. Die Ärzte, so sagte er, hätten ihn nur mit schönen Worten vertröstet und im Übrigen im Unklaren gelassen. Auch alle technischen Fortschritte der Medizin würden bei ihm nicht fruchten. Mit einem Wort: Es sei aussichtslos! Er müsse jetzt mit seiner Krankheit leben, auch wenn es ihm nicht passe. Herr D. fügte noch hinzu: Die Sache mit dem lieben Gott sei jetzt für ihn ein Märchen – er fühle sich von Gott verlassen. Beten sei für ihn keine Hilfe mehr ...

Ich versuchte, viel Verständnis für Herrn D.s verzweifelte Situation zu zeigen. Je länger wir uns unterhielten, desto mehr kamen wir zu der Erkenntnis, dass jede Krankheit einen Sinn habe. Sie führe – ob man wolle oder nicht – auch über manche Umwege zur Frage nach Gott. Ich erzählte, dass Jesus vielen Menschen in Krankheit begegnet sei. Die Kranken hätten auf ihn ihre einzige und letzte Hoffnung gesetzt. Heil und Heilung seien für ihn untrennbare Einheit gewesen, und oft habe er am Ende einer Begegnung gesagt: „Dein Glaube hat dir geholfen und dich gesund gemacht!"

Ja, eine Krankheit kann auch den Glauben (be)fördern.

Geben wir es doch zu: Trotz vieler Höhepunkte und Erfolgserlebnisse in unserem Leben fallen wir immer wieder in große Schwachheit und Abhängigkeit zurück, gerade durch eine Krankheit. Wo wir uns einbilden, wir könnten in größter Freiheit alles allein bestimmen, da müssen wir feststellen, dass es total anders läuft. Plötzlich erleben wir, dass uns andere führen, betten, umsorgen und umhegen müssen; wir sind ihnen hilflos ausgeliefert und erfahren so unsere Ohnmacht.

Trotz alledem: Wo wir uns anderen anvertrauen können, wo wir uns loslassen können, dort kann Heilung geschehen. So wächst allmählich auch wieder der Glaube an Gott. Heil, Heilung

und Glauben sind nämlich Geschwister. Machen wir uns nichts vor: Wir alle leben in dauernder Abhängigkeit. Wir verdanken uns unseren Mitmenschen. Diese Erkenntnis kann Einstieg in ein grenzenloses Vertrauen in Gott selbst sein. Jesus selbst hat die Erfahrung machen müssen, wo letztlich Hilfe für ihn kam, als er in der schwierigsten Stunde seines Lebens zu Gott, seinem Vater, rief: „Mein Gott, warum hast du mich verlassen?"
Krankheit ist immer eine Stunde des Glaubens. Streichen Sie bitte das Wort „aussichtslos" aus Ihrem Wortschatz! Es ist kein Wort, das zu Gott führt.

Die Sache mit dem Kreuz

Die meisten Patienten in unserem Krankenhaus schätzen außer dem positiven Klima seitens des gesamten Personals auch dessen Besonderheiten: Überall im Haus – in der Eingangshalle, im Aufzug, im Operationssaal und in jedem einzelnen Zimmer – findet man das Kreuz an der Wand; meist auch noch einen Weihwasserkessel.
Mir sagen viele Patienten, wie sehr sie die Anwesenheit religiöser Zeichen schätzen. Manch eine und einen regen sie zum Beten an. So werden

Menschen daran erinnert, sich immer wieder neu Gottes liebender Zuwendung bewusst zu werden, besonders in einer Situation von Hilfsbedürftigkeit.

Im Alltag geht dieses Wissen oft unter. Nun – mitten in der Krankheit – liegt der Patient auf einmal „zwangsläufig“ unter dem Kreuz an der Wand. Es provoziert ihn dazu, sich damit auseinanderzusetzen. Vielleicht fällt ihm dabei ein, dass es ganz verschiedene Arten von Kreuzen gibt: in Edelmetall, in Stein oder aus kostbarem Holz geschnitzt. Viele Menschen können damit nicht viel anfangen, andere sehr viel: Manche schauen weg, andere küssen es; manche lästern darüber, andere erwerben ein ganz besonders schönes Stück und räumen ihm einen Ehrenplatz in ihrer Wohnung ein.

Auf fast jedem Gotteshaus finden wir das Kreuz; eines schönen Tages wird es auch unser Grab überragen. An den Straßenrändern erinnern uns Kreuze an Unfälle mit tödlichem Ausgang. Ich zeichne es auf die Stirn vieler Kranker, wenn ich ihnen die Krankensalbung spende. Häufig trägt man das Kreuz um den Hals, als Schmuckstück oder zum Bekenntnis. Wir können es missbrauchen als Fluch aus Ärger und Wut.

Es ist auch sonst in unseren Sprachgebrauch eingegangen: Da und dort nehmen wir andere ins sogenannte Kreuzverhör, manche stehen im Kreuzfeuer. Viele Menschen stehlen sich davon, wenn es ein Kreuz zu tragen gibt. Sie stehen zwar auf Kreuzfahrten, aber weigern sich, den Kreuzweg des eigenen Lebens auf sich zu nehmen.

Das Bild des Kreuzes kann uns auch helfen, wenn wir mit Gott ins Gespräch kommen wollen. Wenn Sie sich in einer besonders bedrängenden Situation fühlen, sind vielleicht die folgenden Worte ein passender Einstieg ins Gebet: „Du gekreuzigter Gott, wenn es mir schwer ums Herz wird, wenn die Zweifel überhand nehmen, wenn meine Ungeduld wächst, wenn ich nicht mehr ein noch aus weiß, wenn die Krankheit mir jede Kraft nimmt, wenn ich mich meiner Hilflosigkeit schäme, wenn ich aus Verbitterung nicht mehr beten kann, dann bleib an meiner Seite!"

Das Kreuz

Das Kreuz ist nicht Selbstzweck; es ragt empor und weist nach oben.

Edith Stein

Das Kreuz kann man nie ver-stehen, sondern nur be-stehen, aus-halten, durch-stehen.

Anton Kner

Mein Kreuz abnehmen kannst du nicht. Du kannst aber dazu beitragen, dass ich mein Kreuz tragen kann.

Petrus Ceelen

Gott hat seine Pläne mit uns

In Gesprächen mit älteren Patienten spielt häufig die Frage „Wie geht es nach meiner Entlassung aus dem Krankenhaus mit mir weiter?“ eine entscheidende Rolle. Viele haben ja das Glück, in eine Familie eingebunden zu sein. Sie müssen sich deshalb keine Sogen machen. Trotzdem ist es für viele nicht leicht zu verkraften, wenn sie eine Jahrzehnte lange Unabhängigkeit aufgeben

müssen. In schwierigen Fällen ziehe ich den Sozialdienst hinzu, der meist gut helfen kann. Unser sogenanntes soziales Netz ist nach wie vor fest ausgespannt – Gott sei Dank!
Viele berechtigten Sorgen und Überlegungen zur Zukunft sind dann leichter zu bewältigen, wenn man sie in der richtigen inneren Haltung angehen kann. Dazu fällt mir ein Wort der Bibel ein. Es lautet: „Kauft man nicht zwei Sperlinge für einen Pfennig? Dennoch fällt keiner vom Dach ohne den Willen eures Vaters, der im Himmel ist. Ängstigt euch also nicht, denn ihr seid besser als viele Sperlinge."

So wie wir normalerweise im Lauf des Lebens fürs Alter etwas auf der sogenannten hohen Kante ansammeln können, so brauchen wir auch ein tragfähiges Fundament an Gottvertrauen. Der Dichter Mörike sagt es auf seine Weise: „Eines kann ich nicht, es kann's kein Mensch – dich über deine Zukunft beruhigen! Du selbst kannst es!"

Gottvertrauen ist zudem ein Wagnis, aber es lohnt sich immer. Vor Kurzem erlebte ich das bei der Vorbereitung einer diamantenen Hochzeit auf beeindruckende Weise, wie riesengroß das Vertrauen dieses Jubelpaares gegeneinander und Gott gegenüber in all den Jahrzehnten ihres gemeinsamen Weges gewachsen war.

Auch von der Kühnheit der heiligen Therese von Lisieux können wir etwas lernen. Sie sagte einmal: „Wenn wir den lieben Gott um etwas bitten, was er uns gar nicht geben wollte – er ist so mächtig und reich, dass es ihm Ehrensache ist, uns nichts abzuschlagen."

Oft höre ich dann als Einwand: „Ich habe ja schon so viel Schlechtes trotz meines Gottvertrauens erfahren müssen, ich glaube nicht mehr an Gottes Güte!" Wer von uns weiß eigentlich, das alles umsonst geschah? Wer kann denn Gottes Pläne voll ergründen? Der heilige Paulus gibt die rechte Antwort: „Denen, die Gott lieben, gereicht alles zum Besten!"

Lassen Sie mich zum Abschluss ein – zugegebenermaßen drastisches – Beispiel erzählen: Einem Bergbauern fiel eine Kuh in die Schlucht. Bitter beklagte er ihren Verlust. Als man die Kuh barg, stellte sich heraus, dass sie an einer Seuche erkrankt war und bald den gesamten Viehbestand angesteckt hätte. Nun hatte der Bauer Grund, für den Verlust zu danken.

Na also! Unsere Angst werden wir wohl nie ganz los werden, aber mit Gottes Hilfe und Vertrauen kann es eine begnadete sein.

Verbindungen machen stark

Wenn die Diagnose lautet: „Ihren Fuß muss man amputieren!", braucht es wahnsinnig viel Kraft, das anzunehmen und aufzuarbeiten. Da wird dann ein großes Stück Lebensqualität geopfert, weil die notwendige Lebensverbindung im Körper blockiert war. Solch eine Amputation ist endgültig, nicht mehr reparierbar. Manchmal ist auch Selbstschuld mit im Spiel.

Jesus benützt ein ähnlich einleuchtendes Bild, mit dem Er uns die notwendige „Lebensverbindung" mit Ihm zeigen möchte: den Weinstock mit seinen Reben; ein erlesenes, edles Gewächs mit seinem kostbaren Obst, das zu Wein gekeltert wird.

Es ist ein Sinnbild der Fülle, der Freude, des Festes. Die Reben brauchen Sonne und die sorgende Hand des Winzers, der auch den Wildwuchs („gnadenlos") beseitigt.

Zwischen Ihm und uns muss eine lebenserhaltende Verbundenheit wachsen und gedeihen können. Ohne ihn sind wir ziemlich fruchtlos, wenn wir leichtsinnig die Verbindung mit Ihm abbrechen bzw. unterbrechen.

„Bleibt in mir, dann bleibe ich in euch", ist eine Aufforderung an uns. Er ist als der *wahre* Weinstock vertrauenswürdig, lebensspendend; auf Ihn kann sich jeder verlassen; von Ihm sich zu trennen, ist in Wahrheit „tödlich“ für unseren Glauben. Er mahnt uns, auf keinen Fall die Verbindung mit Ihm leichtsinnig aufs Spiel zu setzen. Sonst verkümmert und verdünstet unser Glaube, unser Hoffen und die Liebe.

Stellen Sie sich einmal Ihre jetzige Krankheit ohne Gebet, ohne Hoffnung vor! Sie merken rasch, was da fehlte. Wie oft sagen mir Kranke, dass sie nur noch mit Gott überleben können. Der Weinstock Jesus hat sich nicht umsonst auf unsere Erde eingelassen. In Ihm ist Gott immer greifbar. Er schlug Wurzeln der Liebe in unserer Welt; Seine Liebe zu mir, zu Ihnen ist radikal, d. h. in Gott verwurzelt.

Jeder weiß doch: In den Wurzeln (lateinisch: radix) steckt die Kraft, nicht in den Zweigen. Lassen Sie uns getrost *radikal* (in Gott verwurzelt) glauben und hoffen.

Bei der Frucht des Weinstocks, beim Wein, spricht man ja oft vom sogenannten Jahrgang, wobei die Sonne die entscheidende Rolle spielt fürs Reifen und Wachsen. Setzen wir uns dieser Sonne Jesus aus, Jahr für Jahr, ob gesund oder krank! Da könnte ein fruchtbares Leben aus dem Glauben heranwachsen.

Vergeuden wir die Zeit nicht! Nützen wir sie – auch in der Krankheit! Die Kraft kommt vom Weinstock, wenn die Last zu schwer wird.

Rufen Sie noch heute den lieben Gott an!

Bei meinen Besuchen bete ich am Ende mit den Kranken meist das Vaterunser. Fast alle sind sofort damit einverstanden und dankbar dafür. Sehr häufig werde ich auch von Kranken herzlich gebeten, sie in mein Gebet einzuschließen und sie nicht zu vergessen. Das zeigt mir, wie stark Kranke spüren, was ihnen hilft, ja, wo es vielleicht bisher bei ihnen mangelte ... eben beim Beten.

Neulich las ich von einer statistischen Erhebung, nach der nur 27 Prozent der Deutschen noch beten. Ziemlich wenig! In unserer modernen Welt sind wir fast schon Spezialisten der Kommunikation geworden ... Denken Sie an die millionenfache Flut von Handys, mit denen Menschen pausenlos miteinander sprechen. Und wie ist es mit dem Gespräch mit Gott?, frage ich. Heißt es da für so manchen von uns (hoffentlich nicht auch für Sie): „Kein Anschluss unter dieser Nummer“?

Nirgendwo ist unser Glaube persönlicher, konkreter als im Raum des Gebetes. In sein Gebetsleben muss sich jeder selbst wagen, aber es doch auch nicht nur dem Zufall überlassen. Wir brauchen auch am Ende unserer Bemühungen

keinen geistlichen Meisterbrief vorweisen können, sondern einfach wachsam hinschauen, wo immer Wege des Gebetes zu finden sind.
Beten braucht Zeit, man muss sie dafür opfern. Es ist eine anstrengende Tiefenbohrung in unsere Seele. Verlorene Zeit ist das nicht, aber ver-

dichtete Zeit! Beten kann zuweilen auch Knochenarbeit sein, ohne Highlights und allzu große Erfolgserlebnisse.

Romano Guardini sagte einmal: „Es gibt nicht viele Dinge, bei denen wir uns so leicht etwas vormachen wie hier, ... da sagt einer, er habe keine Zeit, und das und jenes sei dringlich, sobald er aber daraufhin das Gebet verlassen hat, kann er die überflüssigsten Dinge tun. Der Mensch muss aufhören, Gott und sich selbst zu belügen ...“

Von einer Frau wird erzählt, sie bete seit Jahren vor dem Einschlafen immer nur den einen Satz: „Lieber Gott, nimm mir meine Sorgen ab. Ich möchte nun schlafen. Morgen früh hole ich sie wieder ab.“ Wir müssen neue Freude finden am Versteckspiel Gottes, der sich im nur scheinbar glaubensleeren Alltag verbirgt und entdeckt werden möchte.

„Bleiben Sie dran!“, heißt es öfters im Fernsehen. Nicht aufgeben und weglaufen! Vielleicht hilft es uns, wenn wir uns stärker an einen Fixpunkt im Tagesablauf gewöhnen, an dem wir hellwach und nicht gerade abgespannt sind. Hängen Sie einmal einen Zettel an Ihre Pinnwand: „Unbedingt heute noch den lieben Gott anrufen!“

Mein Helfer

Ich habe keinen anderen Helfer als dich,
keinen anderen Erlöser, keinen anderen Halt.

Zu dir bete ich.
Nur du kannst mir helfen.

Die Not ist zu groß, in der ich jetzt stehe.
Die Verzweiflung packt mich an,
und ich weiß nicht mehr ein noch aus.
Ich bin ganz unten,
und ich komme allein nicht mehr hoch,
nicht heraus.

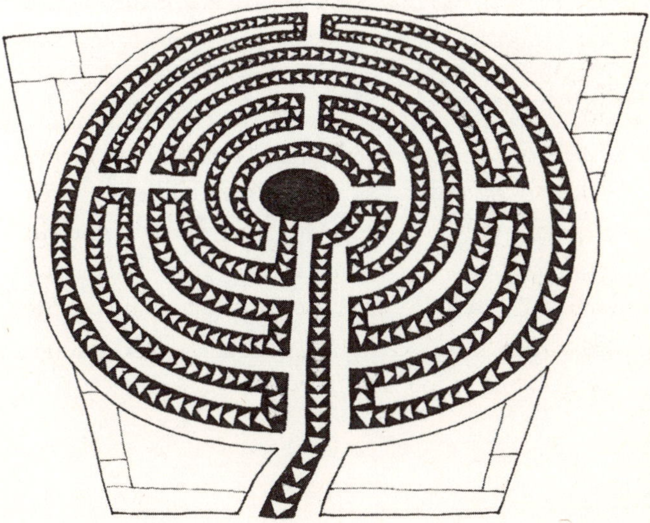

Wenn es dein Wille ist,
dann befreie mich aus dieser Not.
Lass mich wissen, dass du stärker bist
als alle Not und alle meine Feinde.

O Herr, wenn ich durchkomme,
dann lass doch diese Erfahrung
zu meinem und zum Heil meiner Brüder
beitragen.

Du verlässt mich nicht.
Ich weiß das.

Aus Afrika

Die Autoren

Reinhard Abeln

Dr. phil., Jahrgang 1938, Studium der Philosophie, Pädagogik, Psychologie und Anthropologie, Redakteur i. R., Referent in der Erwachsenenbildung, zahlreiche Veröffentlichungen über Ehe-, Familien- und Lebensfragen.

Paul Gindele, Pfarrer i. R.

Geboren in Neckarsulm 1933; Theologiestudium von 1955 bis 1960 in Tübingen und Münster, Westfalen. Zum Priester geweiht am 3. April 1960; Seelsorger in Kirchheim/Teck, Geislingen, Schwäbisch Hall, Laupheim, Welzheim, Stuttgart (St. Maria), Bad Boll, Bad Buchau und Bühl bei Laupheim. An allen Stellen war er mit der Seelsorge im Krankenhaus eng verbunden; jetzt auch im Ruhestand in Laupheim.

Der Künstler

Dieter Groß

Geboren am 25. Februar 1937 in Stuttgart. Dort studierte er von 1956 bis 1963 Kunsterziehung und Geographie. An der Staatlichen Akademie der Bildenden Künste arbeitete er von 1965 bis 1971 als künstlerischer Assistent und erhielt 1972 eine Professur. Dreißig Jahre nahm er diese Aufgabe wahr. Heute ist er Zeichner und Kabarettist. Er malt biblische Themen, karikiert mit spitzer Feder und sammelt (fast täglich) Augenblicke in Skizzenbüchern.